Walahfrid Strabo
Visio Wettini · Die Vision Wettis

Walahfrid Strabo
Visio Wettini · Die Vision Wettis

Lateinisch-Deutsch

Übersetzung, Einführung und Erläuterungen
von Hermann Knittel

Jan Thorbecke Verlag Sigmaringen
1986

CIP-Kurztitelaufnahme der Deutschen Bibliothek

Walahfridus ⟨Strabo⟩:
Visio Wettini: lat.-dt. = Die Vision Wettis / Walah-
frid Strabo. Übers., Einf. u. Erl. von Hermann
Knittel. – Sigmaringen: Thorbecke, 1986.
  ISBN 3-7995-4080-6
NE: Knittel, Hermann [Übers.]

© 1986 by Jan Thorbecke Verlag GmbH & Co., Sigmaringen

Gesamtherstellung M. Liehners Hofbuchdruckerei GmbH & Co., Sigmaringen
Printed in Germany · ISBN 3-7995-4080-6

Inhalt

Dank

Danken möchte ich an dieser Stelle Herrn Georg Bensch, dem Inhaber des Jan Thorbecke Verlags, und Herrn Prof. Dr. Helmut Maurer für die Förderung dieser Neuerscheinung, dem Leiter der St. Galler Stiftsbibliothek, Herrn Dr. Ochsenbein, für die freundliche Genehmigung zur Benutzung der alten Handschriften, der Ehrw. Frau Priorin und dem Administrator des Klosters St. Johann in Müstair, Hochw. Herrn P. Benedikt Gubelmann OSB, für die großzügige Erlaubnis zur Veröffentlichung des karolingischen Freskos, Herrn Architekt Burkhardt, Müstair, für seine Vermittlung und dem Bureau Sennhauser (Herrn Dr. François Guex) für die Aufnahmen, besonders aber meiner Frau, die mir bei der Fertigstellung dieser Ausgabe mit Rat und Tat zur Seite stand; ihr sei das Buch gewidmet.

Hermann Knittel

Einführung

Man hat Walahfrid Strabos Visio Wettini wiederholt einen wichtigen Vorläufer der Göttlichen Komödie genannt, und wenn sich auch zum Werk Dantes, der Krönung dieser Gattung, kein direkter Bezug herstellen läßt, so hat die Reichenau doch mit dieser ersten ganz einer Jenseitsvision gewidmeten Versdichtung ein literarisches Denkmal hohen Ranges vorzuweisen. Ihr Inhalt greift im Rahmen der damals geläufigen Jenseitsvorstellungen weit über das persönliche Schuldbewußtsein und die Heilserwartung eines Mönches hinaus; man muß sie lesen als einen Beitrag zur Zeitkritik aus klösterlicher Sicht, in dem Mißstände wie Idealbilder geistlichen Lebens und weltlicher Macht an uns vorüberziehen.

Die vorliegende Ausgabe bringt die erste vollständige deutsche Übertragung der Visio Wettini. Schon Gallus Öhem, der Reichenauer Chronist um 1500, hatte eine solche angekündigt, aber nicht herausgebracht, und bis heute ist es bei Übersetzungsproben geblieben. Was für Öhem noch eine enorme Schwierigkeit gewesen wäre, gelingt heute leichter, da man sich auf eine Reihe wissenschaftlicher Arbeiten stützen kann: auf die Edition Dümmlers in den Monumenta Germaniae Historica, die Abhandlungen von Alf Önnerfors und schließlich vor allem auf die Ausgabe von David A. Traill mit englischer Übersetzung und ausführlichem Kommentar[1]. Wenn zu dieser vorzüglichen Arbeit einige Ergänzungen hinzugekommen sind, so liegt das nur im natürlichen Gang der Weiterbeschäftigung mit der Materie. Die hier gegebene Einleitung will einerseits den Leser in das Gedicht und seine Voraussetzungen einführen, andererseits einige neue Beobachtungen zur Interpretation des Werkes bringen; neben der weiteren Klärung von Bildern und gedanklichen Zusammenhängen soll vor allem die Eigenständigkeit Walahfrids gegenüber seiner Vorlage, dem von Abt Heito verfaßten Prosabericht der Visio Wettini, immer wieder hervorgehoben werden. Nicht zuletzt geht es auch um einen Einblick in die bisher nicht bemerkte Bedeutung der Zahl für den Aufbau des Werkes; wahrscheinlich verdanken wir sogar die traditionellen Daten zur Frühgeschichte des Reichenauer Klosters der Neigung Walahfrids zur Zahlenallegorese.

Die Visio Wettini ist der Bericht von zwei Traumvisionen, die der Reichenauer Mönch Wetti, Leiter der Klosterschule und Lehrer Walahfrid Strabos, in der Nacht auf den dritten November 824 hatte. Während der erste Traum noch ganz von der Frage nach Wettis eigenem Seelenheil bestimmt war, enthielt der zweite Eindrücke und Aussagen, die von allgemeiner Bedeutung zu sein schienen[2], und da zudem im zweiten Traumgesicht an

Wetti ausdrücklich der Auftrag ergangen war, das Geschaute zu verkünden, bat der Mönch um sofortige Aufzeichnung; er diktierte zunächst den Brüdern, die bei ihm gewacht hatten, in aller Eile, was ihm in Erinnerung geblieben war. Nach den Laudes kam der Abt selbst zu dem Kranken; auch drängten zahlreiche Mitbrüder zu ihm herein. Da aber der Kranke seinen Bericht nicht in so großem Kreise wiederholen wollte, blieben außer Abt Erlebald, der Wetti durch die gemeinsam verbrachte Studienzeit verbunden war, nur der greise Theganmar, der Beichtvater der Mönche, der gelehrte Tatto, der bald Nachfolger Wettis in der Leitung der Klosterschule wurde, und der frühere Abt Heito am Krankenlager. Keines der Krankheitssymptome wies auf ein nahes Ende hin, doch starb Wetti am späten Abend des 4. November.

Sicher auf Bitte des Kranken, doch auch selbst überzeugt von der Bedeutung und dem Wahrheitsgehalt dieser Visionen – war Wetti doch auch der Todestag darin richtig vorhergesagt worden[3] – schrieb Heito nach Wettis Tod dessen Bericht in einer Prosafassung[4] nieder, an die sich Walahfrid in seinem Gedicht fast durchweg streng gehalten hat; von den Ausnahmen wird zu reden sein.

So erhebt sich zunächst die Frage nach dem Anteil Heitos an diesem Visionsbericht. Vieles von den Erlebnissen und Mahnungen, die Wetti mitteilte, muß Heito in besonderem Maß berührt haben, denn es waren darin seine eigenen Anliegen ausgesprochen: die Forderung nach strenger Einhaltung der Mönchsgelübde und nach einer Reform des Klosterlebens[5], der Ruf nach einem ihrer Aufgabe entsprechenden Lebenswandel der Geistlichkeit überhaupt[6], die sich von weltlichen Ämtern zurückziehen und sich allein der Seelsorge widmen sollte, strenge ethische Maßstäbe auch für den Herrscher und seine Helfer in der Ausübung der Macht, schließlich die Vorbereitung auf einen guten Tod und die gegenseitige Gebetshilfe, ein Anliegen, das nicht zuletzt auf Heitos Veranlassung in jenen Jahren das Reichenauer Verbrüderungsbuch entstehen ließ[7]. Und liest man Walahfrids Würdigung dieses bedeutenden Bischofs und Abtes in den Versen 38–103, so findet man manchen Hinweis, daß er selbst die wesentlichen in der Vision mitgeteilten Gebote durch seine Lebensführung vorbildlich erfüllte. Schließlich erklären auch die Widmung der *Visio cuiusdam clerici de poenis Fulradi*[8] an Heito und die ihm zugeschriebene Redaktion der *Visio cuiusdam pauperculae mulieris*[9], daß dieser Abt, der sich von seinen Ämtern zurückgezogen hatte, eine aufnahmebereite Instanz für solche Mitteilungen gewesen ist.

Seine Ergänzung zum Visionsbericht war zunächst die Rahmenerzählung über die Erkrankung Wettis, über die Stunden zwischen den beiden Visionen und den Tag danach bis zu seinem Sterben. Eingefügt hat er außerdem Hinweise auf zwei parallele Traumberichte, den einen kurz streifend, den andern referierend. Über mögliche weitere Eingriffe Heitos können wir nur Vermutungen anstellen. K. Künstle nahm an, Heito habe den Bericht Wettis weitgehend manipuliert, um seine eigenen Gedanken äußern zu können: »Das meiste von dem, was Wetti in seinen Visionen ›schaute‹, sind Gedanken und Urteile, die dem Exabte kamen, als er in der Stille seines Eigenklösterleins in Oberzell auf die Menschen zurückblickte, mit denen ihn sein gesegnetes Leben zusammenführte«[10]; sicher ein extremer Standpunkt, der Wetti, dem Leiter der Klosterschule, nicht nur den Inhalt der Vision, sondern eigenes Nachdenken geradezu abspricht. Da aber Wetti Heito nicht nur als Abt erlebt hatte, sondern zusammen mit Erlebald sein von ihm besonders geförderter Schüler gewesen war (V. 122–126), wird er mit ihm öfters Gedankenaustausch gepflegt haben, so daß man grundsätzlich die Meinungen der beiden schwer trennen kann.

Heito selbst bemerkt nach der Erzählung der ersten Vision, daß er bei ihr nichts hinzugefügt oder weggelassen habe. Im folgenden ist dann zweimal (cap. 15 und 28) von Auslassungen die Rede. Man wird angesichts der Sachlichkeit von Heitos Stil solche Erklärungen nicht als überflüssige rhetorische Floskeln betrachten können. Wenn man aber mit Eingriffen Heitos rechnet, wird sich dieser Verdacht am ehesten auf den dritten Teil der Vision konzentrieren, die große Mahnrede des Engels, die in Heitos Text etwa ein Viertel des eigentlichen Visionsberichtes einnimmt. Hierbei kann man von zwei Überlegungen ausgehen: einerseits hatte Wetti eine solche Fülle von Themen und Gedanken mitgeteilt, daß sein Bericht noch nicht durchweg wie in Heitos Endredaktion geordnet gewesen sein kann; wahrscheinlich hat Heito manchen zwischendurch ausgesprochenen Gedanken (der vielleicht im erwähnten Gespräch am Krankenlager noch weiter erörtert worden war) zusammenfassend im dritten Teil in der Rede des Engels untergebracht. Andererseits aber ist dieser dritte Teil in seiner Gedankenfolge etwas zu sprunghaft und unübersichtlich, als daß man einen größeren ordnenden Eingriff annehmen dürfte. Vielleicht hat Heito die Abschnitte über die Sodomie und über das klösterliche Leben (cap. 19–22) etwas ausgearbeitet und dabei den einen oder anderen erklärenden Gedanken (z. B. Zitate aus der Schrift) sinngemäß ergänzt und eingeschoben. Und während es im mittleren Teil, der Schau des himmlischen Jerusalem und den Szenen mit den Heiligen, wegen seiner Geschlossenheit kaum etwas zu ordnen gab, könnte die Abfolge der Bilder des ersten Teils mit den Verdammten und Büßenden, wo keine topographische und szenische Kontinuität besteht, von Heitos ordnender Hand stammen.

Die wenigen Einzelheiten, die wir von Wettis Leben wissen, sind rasch aufgezählt. Er war ein naher Verwandter des bedeutenden Reichenauer Abtes Waldo[11], den er in seiner Vision unter die Büßer versetzt sah. Wie Johann Egon zu berichten weiß, wurde Wetti von früher Jugend an auf der Reichenau erzogen und hatte dann, wie auch der spätere Abt Erlebald, Heito zum Lehrer. Wenn Heito durch mancherlei Verpflichtungen verhindert war, die genannten Schüler in den Sieben Freien Künsten zu unterrichten (V. 116 f.), so mag der wesentliche Grund der gewesen sein, daß er von Waldo als wichtige Stütze bei der Verwaltung des Bistums Basel hinzugezogen wurde und die Lehrtätigkeit in der Klosterschule aufgeben mußte. So wurden Wetti und Erlebald zur Weiterbildung nach auswärts geschickt, zu einem gelehrten Schotten, dessen Identität nicht gesichert ist. Damals war Wetti wohl etwas älter als zwanzig Jahre; er wird also gegen 780 geboren sein. Dies fügt sich gut zu der Bemerkung in seinen Abschiedsbriefen: *iuventus adhuc floruit*[12]. Aus der Zeit, in der Wetti dann Leiter der Klosterschule war, stammt die von ihm verfaßte Gallusvita mit einem Widmungsbrief an Abt Gozbert[13]; da Gozbert 816 Abt von St. Gallen wurde, ist das Werk in die Jahre zwischen 816 und 824 zu datieren[14]. Die

St. Galler ließen es später, weil es den Ansprüchen nicht mehr genügte, von Walahfrid überarbeiten.

Die Biographie Walahfrids, der 808 oder 809 geboren wurde, aus alemannischem Adel stammte und in seinen Kinderjahren in die Klosterschule kam, brauchen wir angesichts neuerer Darstellungen[15] hier nicht zu behandeln, zumal da wir es bei dem vorliegenden Werk mit dem erst Achtzehnjährigen zu tun haben, dem die großen Eindrücke und Wandlungen außerhalb seines Heimatklosters noch bevorstanden.

Wettis Tod war für Walahfrid ein erschütterndes Erlebnis. Er war am Todestag seines verehrten Lehrers noch stundenlang bei ihm gesessen und hatte nach seinem Diktat die Abschiedsbriefe geschrieben; die darin ausgedrückte Todesgewißheit verwirrte den jungen Mönch, der, wie auch die anderen Brüder, Wettis Krankheit nicht für bedrohlich hielt. Vom Inhalt der Vision wußte Walahfrid damals noch nichts. Auch in dem Gedicht über Wettis Tod, das an den Hofkaplan Grimald gerichtet ist, dem er seine Versfassung der Visio Wettini widmen wird, finden wir noch keinerlei Hinweis auf die Vision, nur die Bemerkung: *scintillam portamus enim,* »wir tragen nämlich einen Funken in uns«, den Funken der poetischen Begabung, die nach Förderung und einem geeigneten Stoff verlange. Bei der Frage, wie, unter welchen Umständen und wann nun Walahfrids Erstlingswerk entstanden ist, sind wir ganz auf seine Äußerungen im Widmungsbrief an Grimald, im Proömium und in den das Werk abschließenden Distichen angewiesen.

Auf den heutigen Leser wirkt eine Einleitung, wie sie Walahfrid mit seinem Widmungsbrief an Grimald dem Werk voranstellte, wie ein privater Brief, dessen Verfasser sich, seiner Sache höchst unsicher, vertrauensvoll an einen Freund mit der Bitte um Hilfe wendet. Doch darf man sich hier nicht täuschen lassen; vielmehr bemühen sich die Verfasser solcher Vorworte in immer neuen Variationen und Formulierungen, ihre *humilitas* und *oboedientia* zu zeigen[16]; für den Mönch sind dies ja zentrale Tugenden. Es ist alte, nicht nur kirchliche Gewohnheit, daß man sich in Tugenden zugleich einüben möchte, indem man von ihnen spricht. So verweist man auf seine geringe Fähigkeit, die Schwierigkeiten des Werkes zu bewältigen, auf Mangel an Einsicht, Reife und Alter, auf die unzulängliche Beherrschung der Sprache; man vertraut auf Hilfe und bittet um Korrektur fehlerhafter Stellen; letzteres tut Walahfrid noch am Schluß seines späten Meisterwerkes, des Hortulus. Dafür, daß man das Werk trotz allem gewagt habe, werden vorwiegend zwei Gründe angeführt: der schuldige Gehorsam gegenüber einer Autorität oder einem Auftraggeber, andererseits auch eine enge menschliche Beziehung, die das Wagnis als Gefälligkeit rechtfertigt; in Walahfrids Brief werden beide Argumente vorgebracht. Das Motiv der *oboedientia* finden wir häufig in Walahfrids Proömien, so bei seinen Heiligenviten; und zu seinem großen liturgiegeschichtlichen Werk bemerkt er sogar, der harte Befehl Reginberts, nicht sein eigener Wille, habe ihn zur Abfassung gedrängt. Aber da der Gehorsam bis zur Selbstverleugnung betont wird und manche Autoren die Vorstellung haben, es sei anmaßend, eine Schrift von sich aus zu beginnen, ist auch aus dem Vorwort zu Walahfrids Erstlingswerk nicht auszumachen, welchen Anteil der genannte, sonst nicht näher bekannte Mönch Adalgis an der Entstehung des Werkes gehabt hat; ob er der verständnisvolle Gönner und Förderer eines von Walahfrid selbst gehegten Planes, vielleicht sogar – angesichts der wohl nicht ablehnenden, aber distanzierten Haltung Heitos und Erlebalds – eine Art Stütze für den jungen Dichter oder aber der eigentliche Initiator war, der ihm die Bearbeitung dieses Stoffes vermittelte und nahelegte. Walahfrid jedenfalls drängte es, wie erwähnt, sich als Dichter zu betätigen, und er verlangte nach Förderung. Daß er die Visio Wettini als sein Erstlingswerk bezeichnet und damit alle bis dahin geschriebenen Verse als Versuche und Gelegenheitsgedichte, vielleicht sogar als *pueriles ludi* (V. 6) abtut, zeigt jedenfalls, daß er sich ganz zu seinem neuen Werk bekennt. Natürlich beklagt auch er seine angeblich unvollkommene Sprachbeherrschung, nennt sie *rusticitas*, bäuerliche Plumpheit, und stellt sie damit bescheiden in Gegensatz zur *urbanitas*, zur gebildeten Ausdrucksweise von Heitos Prosafassung; doch während etwa der Verfasser der Visio Baronti[17] die *rusticitas* seiner Sprache durch den Hinweis auf die lautere Wahrheit seines Berichtes entschuldigt, verweist Walahfrid – in ingeniöser Verbindung der Motive der Blütenlese und der Bedeckung der Blöße mit dem Zweig – darauf, daß er infolge Zeitdrucks die vorbildlichen Klassiker nicht ausreichend zu seiner Schulung durchstudieren konnte, und gewiß sieht man dem Werk an einigen Stellen das Ringen mit der Sprache noch an; eine Beschwerde darüber, daß Walahfrid die notwendige strenge Bindung an die Vorlage als Hemmnis empfand, wird man indes aus dem erwähnten Gedankengang nicht herauslesen können[18], und es gibt auch sonst keinen Anhaltspunkt dafür.

Der junge Dichter wird wohlwollende Duldung erfahren haben und bedankte sich dafür mit panegyrischen Versen auf Heito, Tatto und Erlebald; wenn er indes im Vorwort erklärt, daß er Erlebald und Tatto auch mit seiner Dichtkunst im Rahmen der Klosterzucht unterstellt sei, so versichert er damit gewiß seine Bereitschaft zum schuldigen Gehorsam, doch hört man in diesem Zusammenhang in den humorvollen Worten unwillkürlich ein leises Bedauern, und die Bemerkung, daß er als Mönch vor seinem Abt kein Geheimnis haben dürfe, liest sich fast wie der Wunsch, die beiden möchten doch seiner Arbeit etwas mehr Aufmerksamkeit schenken. Daß aber Abt Erlebald, der neue Lehrer Tatto und zugleich auch der fromme und nüchterne Heito am Entstehen der poetischen Bearbeitung der Visio nicht regen Anteil genommen haben, läßt sich nicht nur aus Walahfrids Äußerung entnehmen, Abt und Lehrer beherrschten zwar die Dichtkunst bestens, seien ihr aber weniger zugetan; auch der Vergleich von Vorlage und Versfassung bestärkt diese Vermutung: es lassen sich einige wenige, aber auffallende Abweichungen und Mißverständnisse beobachten, die eine enge Zusammenarbeit ausschließen[19]. Es fehlt ferner jede weitergehende Information über Wettis Traum, über den Heito bei engerem Kontakt sicher noch manches ergänzende Wort gesagt hätte; so aber saß Walahfrid allein vor dem Text von Heitos Niederschrift. Die Mitteilung der Verse 894–96 (Wettis Vorsätze für den Fall seines Weiterlebens) und die Namen der akrostichischen Verse sind kein Gegenbeweis; was dort genannt wird, dürften dem Reichenauer Konvent inzwischen vertraute Tatsachen gewesen sein. Man darf also wohl auch annehmen, daß der als Auftraggeber genannte Adalgis nicht bis ins Detail hinein mit Sachverstand und Engagement Anteil am

Fortgang des neuen Werkes genommen hat. Um so herzlicher wendet sich Walahfrid daher an seinen Freund und Förderer Grimald, dessen Gesicht er trotz der weiten Entfernung beständig vor sich sieht[20].

Eine Bemerkung noch zu dem, was Walahfrid über mögliche Gegner seines Werkes im Vorwort äußert. Es seien Leute, sagt er, die von Visionen nichts hielten und sie als leere Traumgebilde *(vana somnia)* ablehnten. Zweifellos liegt mit dieser Defensive ein Topos vor[21], aber der unter den bestraften Sündern erwähnte Bischof Adalhelm, der eine frühere Vision als *soliti mendacia inania somni* (V. 405) abgetan hat, ist doch ein Beispiel dafür, daß solche Gegner keine bloße Erfindung waren, auch wenn der sich im Vorwort anschließende Gedanke, diese Feinde der Vision würden sich an den schlechten Versen festbeißen und gerade dadurch den Inhalt kennenlernen, etwas gesucht und verspielt wirkt. Erlebald und Tatto aber unter diese Gegner zu zählen, ist sicher nicht möglich angesichts der scharfen Worte, die der Dichter gegen solche Leute richtet[22].

Bevor wir auf das Gedicht Walahfrids näher eingehen, betrachten wir kurz, vor welche Aufgabe sich der junge Dichter mit seinem Erstlingswerk gestellt sah; denn es ist weit mehr als eine Übertragung eines Prosastücks in Verse geworden. Nebenbei sei bemerkt, daß die stilistische Qualität von Heitos Prosafassung sehr verschieden beurteilt wird; dem einen erscheint sie sachlich und literarisch besser als Walahfrids Vision »mit ihren schwülstigen und vielfach an fremdes Gut gemahnenden Versen«[23], als kunstloser, oft ungeschickt formulierter Prosabericht dem anderen[24]. Zunächst bestand Walahfrids Aufgabe also darin, die dem Gegenstand angemessene Sprache zu finden, die zweifellos nüchterne, vor allem durch Partizipialkonstruktionen fast überladene Prosa Heitos in epischen Stil umzusetzen. Für solche Übertragungen gab es Vorbilder: Da war der hochgeschätzte Juvencus, der in vier Büchern eine Auswahl aus den Evangelien in Hexameter gefaßt hatte[25]; Walahfrid greift öfters bei Schriftzitaten auf seine Formulierungen zurück. Vorbild war auch Sedulius, der im 5. Jahrhundert ein Osterlied *(carmen paschale)* verfaßt und den Inhalt dann erweitert in Prosa wiedergegeben hatte; ähnlich hatte Aldhelm im 7. Jahrhundert über die Jungfräulichkeit *(De virginitate)* auf beide Arten geschrieben[26]. Die genannten Werke gehörten zum festen Bestand der Reichenauer Klosterbibliothek. Ja sogar die Umsetzung einer Jenseitsvision in Verse war nicht völlig neu; Walahfrid wird Alkuins Geschichte der Kirche von York *(De patribus, regibus et sanctis Euboricensis ecclesiae)* gekannt haben; darin hatte dieser auf der Reichenau sehr geschätzte Autor mehrere Visionen aufgenommen, darunter die in Bedas *Historia ecclesiastica gentis Anglorum* (V, 12) enthaltene Vision des Nordhumbriers Dryhthelm[27]. Vielleicht hat dieses Werk Alkuins die Anregung gegeben, nun eine Dichtung einmal ausschließlich einer Jenseitsvision zu widmen. Von den genannten Vorbildern abgesehen, stand dem karolingischen Dichter das hohe Ziel vor Augen, die sprachliche Qualität der antiken Klassiker zu erreichen, und daher sind es vor allem Vergil und in noch stärkerem Maße Ovid, deren Sprachkunst in zahlreichen dezenten Zitaten und im Satzbau imitiert wird. »Ich möchte selbst soweit gehen, daß ich ihn (Walahfrid) als Dichter in lateinischer Sprache mit den besseren spätlateinischen, z. B. Sedulius, ja in seinen besonders inspirierten Partien mit seinen klassischen Lehrmeistern gleichstelle«, erklärt hierzu Alf Önnerfors, wenngleich er für das Frühwerk noch einige Einschränkungen macht[28]. Wenn nun der heutige, mit Dantes Vorliebe für Vergil vertraute Leser erwartet, Walahfrid habe sich besonders an das sechste Äneisbuch gehalten, so irrt er sich; offensichtlich bewußt hat der Dichter jene antike Jenseitsreise fast ganz aus dem Spiel gelassen.

Doch nicht nur die sprachliche Umsetzung war zu bewältigen; Walahfrid wollte Interpret sein. Deutlicher als die Verse, die er der Vorlage nachgestaltete, zeigen seine zahlreichen Zusätze, welche Absicht er verfolgte; es ging ihm keineswegs um eine farbige Ausgestaltung der bildhaften Eindrücke. Im Proömium bittet er Christus, seine Gedanken und damit sein Gedicht mit dem Sauerteig der göttlichen Lehre zu durchdringen. Das bedeutete für die Ausführung, den Visionsbericht immer wieder mit dem Wort Gottes in Beziehung zu setzen und durch die Worte der Heiligen Schrift zu vertiefen, um dadurch zugleich die Wahrheit seiner Aussage zu bestätigen und sie zu größerer Gültigkeit zu erheben. Offensichtlich war es besonders dies, was man von Walahfrid erwartete; darauf deutet die zum erhabenen Stil zwar sprachlich, aber inhaltlich nicht ganz passende Bemerkung, Adalgis könnte ihn sonst voller Zorn auspeitschen (V. 7–10).

Der junge Mönch hat seine Aufgabe vorzüglich bewältigt und erweist sich als fundierter Kenner der Schrift; er weiß zu manchem Gedanken eine Reihe von Stellen zu zitieren, beherrscht aber auch die allegorische Schriftauslegung. Wenn er den Beginn der Arbeit an seinem Gedicht auf die Ostertage verlegt (V. 1; 15 ff.), wird man diesem Datum Glauben schenken dürfen; die Fasttage vorher waren die Zeit der Askese, der inneren Sammlung, des Gebets und der Lektüre. Wesentlich aber ist die Bedeutung des Ostertages: an ihm sollte dem Dichter in besonderem Maß Gnade zuteil werden, sein Herz sollte sich der göttlichen Lehre öffnen, und dieses Fest war der rechte Anlaß, das entstehende Erstlingswerk wie ein Opfer zum Lobe Gottes darzubringen. Da Walahfrid nun ein Gedicht über die letzten Dinge begann, dachte er vielleicht auch an den Einleitungsbrief eines thematisch verwandten Werkes, das den Reichenauern bekannt war: Julian von Toledo hatte aufgrund von Gesprächen, die er am Karfreitag des Jahres 688 oder 689 mit einem Freunde geführt hatte, seine *Prognosticōn futuri saeculi libri tres* niedergeschrieben; im Vorwort preist er die besondere Gnade jenes Tages. Bei Julian wie bei Walahfrid sind die Kar- und Ostertage mit der Entstehung des Werkes verbunden; Dante wird später seinen Gang durch die Jenseitsreiche auf die Tage von Karfreitag bis Ostersonntag verlegen.

Das Wort der Schrift wie die Berichte von Jenseitsvisionen verlangen die Verkündung; daher ergab sich für Walahfrid folgerichtig die Aufgabe der Interpretation und der Paränese. Gregor der Große weist wiederholt darauf hin, daß die im vierten Buch seiner Dialoge mitgeteilten Visionen vor allem Mahnung und Warnung an die Menschen seien, und ähnlich wie Beda begründet Alkuin die Aufnahme der Vision des Dryhthelm in seine Geschichte Yorks mit den Worten: *proderit aeterna multis de morte vocandis*, »sie wird dazu nützlich sein, viele vor dem ewigen Tod zu erretten« (V. 878). Und schließlich war die Verkündung der neuen Vision der ausdrückliche Wunsch Wettis. Literarisch gesehen, war nach der Unterscheidung *aut prodesse volunt aut delectare poetae*[29] also *prodesse* das Ziel Walahfrids, wie auch aus den Distichen am Schluß (V. 7) hervorgeht. So deutet er die Weisungen des Traumgesichts, warnt vor der Macht des Bösen und davor, sich neben vielen guten Werken auch nur einem Laster hinzugeben, warnt vor blindem Vertrauen auf die Fürbitte, geißelt die Verweltlichung der Geistlichkeit und die Habgier vieler Mönche, erinnert sie an ihre eigentliche Aufgabe, preist die Jungfräulichkeit, die strenge Lebensform der Wüstenväter, lobt die Tapferkeit, Frömmigkeit und Güte des Grafen Gerold, während er die Grafen, die ihr Amt nicht gerecht ausüben, mit scharfen Worten tadelt. Dabei zeigt der junge Mahner durchaus Mut; nicht nur nennt er manchen Prominenten akrostichisch beim Namen, sondern er wendet sich sogar mit einer Rüge unmittelbar an Kaiser Ludwig und fordert ihn auf, die durch seine Schuld in einigen Nonnenklöstern aufgetretenen Mißstände zu beseitigen. Walahfrid mag gespürt haben, daß diese Rolle des Mahners für einen jungen Mönch ungewöhnlich war; deshalb bittet er bei einem seiner ersten Einschübe ausdrücklich darum, ihn wohlwollend anzuhören (V. 339). Um aber solche Gebote verkünden zu können, bedarf es der Reinigung von jeder Sünde und des festen Vorsatzes, Lehre und Leben in Einklang zu bringen; eben darum bittet der Dichter im Proömium (V. 18 f.), wiederum mit Bezug auf die Gnade der Gedenktage des Leidens und der Auferstehung Christi. Für Walahfrid selbst wird das Gedicht auf diese Weise zu einem persönlichen Bekenntnis zur Lebensform des Mönches, die Gehorsam, Armut, Keuschheit, Askese und Rückzug aus der Welt, moralische Konsequenz bis ins Letzte, Wahrhaftigkeit und unermüdliches Gebet zum Lobe Gottes verlangt: nichts anderes als dies ist die Thematik seiner zusätzlichen Ausführungen[30]. So wird sein Werk in existenziellem Sinn ein Opfer zum Lob Christi (V. 2 f., 11–14). Vergleichen wir dieses Proömium mit dem von Alkuins genanntem Werk, das ebenfalls mit einer Anrufung Christi beginnt, einer wortgewandten Variation des Musenanrufs, so hebt sich davon der Ernst, der Walahfrid beseelt, deutlich ab.

Auf das Proömium folgt der eigenständigste Beitrag Walahfrids, die 151 Verse, in denen zum erstenmal Reichenauer Geschichte geschrieben wird[31]. Freilich werden nicht alle Zeitabschnitte gleichermaßen berücksichtigt; der größte Teil sind panegyrische Verse auf die beiden Äbte Heito und Erlebald. Indem Walahfrid die Geschichte eines Klosters mit Tradition und eine ideale Gemeinschaft unter vorbildlicher Führung schildert, ordnet er die Vision Wettis in einen größeren Zusammenhang ein. Anregung zu solch einer Darstellung gaben wohl Werke, die lokale Kirchengeschichte zum Thema hatten; man denkt wiederum an Alkuins Geschichte der Kirche Yorks, die zwischen 780 und 782 entstanden ist. Dann hatte Paulus Diaconus, eine Gattung begründend, die Geschichte der Bischöfe von Metz geschrieben und hierzu ein Gedicht in Hexametern, das bei der Aufzählung der Bischöfe dieser Stadt jedem einen Vers zuweist[32]; bei Walahfrid finden wir dasselbe Verfahren wieder für die sieben Äbte von Eto bis Waldo; dem Gründer Pirmin sind vier Verse gewidmet. Ein unverzichtbares Element dieser Gattung ist, daß zuerst der Ort vorgestellt wird (V. 22–26). Der Rhein erscheint hierbei geradezu als der Urheber des Sees und der Insel[33]. Von den »ausonischen« Alpen fließt er herab; mit diesem Epitheton –

»ausonisch« gebrauchen die römischen Dichter für »italisch« – möchte Walahfrid wohl nicht nur geographisch einen Bezug zum Süden in Erinnerung bringen. Der »Aue« aber verleiht er die Züge der heiligen Insel, wie sie dem Topos eigen sind: sie liegt in der Mitte, nicht nur der Fluten, sondern auch des ganzen Heimatlandes; sie »schwebt« *(suspenditur)* gleichsam auf den Wassern; sie ist fruchtbar, hier in geistlichem Sinn, da sie Mönche hervorbringt *(gignere);* ein Heiliger errichtet die ersten Mauern auf ihr, eine gottgeweihte Stadt *(moenia:* mit diesem Wort wird Walahfrid dann auch die himmlische Stadt bezeichnen, V. 527, 533). Schon diese wenigen Verse stellen dem Leser die Klosterinsel nicht nur als geographisches, sondern vor allem als geistiges Zentrum und als Wirkungsstätte bedeutender Männer vor Augen. In ähnlicher Gedankenfolge variiert der Dichter einige Zeit später in seinem »Metrum Saphicum« das Motiv der Lage der Insel und ihrer Ausstrahlung als Mittelpunkt:

> *Tu licet cingaris aquis profundis,*
> *Es tamen firmissima caritate,*
> *Quae sacra in cunctos documenta spargis,*
> *Insula felix!*[34]

> Wenn auch rings umgeben von tiefen Wassern,
> Ruhst du dennoch fest auf dem Grund der Liebe,
> Überall verbreitest du heil'ge Schriften,
> Glückliche Insel!

So wird vor diesem Hintergrund die Vision Wettis zum bedeutenden Ereignis an zentraler Stätte.

Nach der Aufzählung der Äbte, die von 724 bis 806 die Reichenau leiteten, folgt die panegyrische Würdigung der Äbte Heito und Erlebald. Walahfrid gibt keine Darstellung, wie wir sie von der Geschichtsschreibung erwarten; die konkreten Einzelzüge der Person und die Fakten treten zurück und dienen nur als Anhaltspunkte für den Entwurf eines Idealbildes. Natürlich konnte Walahfrid bei seinen Reichenauer Mitbrüdern die Kenntnis der Fakten voraussetzen, bei Auswärtigen schon weniger, aber darauf kam es nicht an. Dem Wirken Heitos widmet er 66 Verse, inhaltlich genau in drei Abschnitte zu 22 Versen gegliedert, der erst kurzen Abtszeit seines Nachfolgers insgesamt 69 Verse in drei Abschnitten zu je 23 Versen. Das kann kein Zufall sein, und damit drängt sich die Frage auf, ob auch dieses Frühwerk Walahfrids durch Zahlenkomposition bestimmt ist[35], wenn der Dichter auch durch die Textlänge der Prosavorlage weitgehend gebunden war.

Die Zahl 22, die den Heito gewidmeten Abschnitt bestimmt, war, seit Hieronymus auf die 22 Buchstaben des hebräischen Alphabets und als Parallele dazu auf die 22 Bücher des Alten Testaments hingewiesen hatte, eine häufig verwendete Kompositionszahl; sie deutet in unserem Zusammenhang sicher auf die Vollkommenheit von Heitos Wirken hin, wie es ja auch explizit die sieben letzten Verse der Ausführungen über Heito tun (V. 53–59). Walahfrid unterstreicht die Bedeutung der 22 noch dadurch, daß er den Äbten vor Heito insgesamt nur elf Verse zuweist. Die Zahl 22 wird nun mit der Drei vervielfacht, was tropologisch die Heiligung von Heitos Wirken durch die drei theologischen Tugenden bedeuten könnte[36]. Im ersten Abschnitt der 3 × 22 Verse ist die Rede von Heitos frühem Eintritt ins Kloster, seinem Aufstieg und seiner ersten Bewährung als Bischof von Basel; gerühmt wird, daß er wie ein heller Stern aufgeht, daß er sich wie alle heiligen Männer zunächst weigert, Amt und Würden zu übernehmen und damit auf die »Freiheit« seines klösterlichen »Kerkers« (Walahfrid liebt paradoxe Formulierungen und Oxymora) zu verzichten, daß er dem inneren und äußeren Zerfall in seiner Diözese Einhalt gebietet; die Aufzählung einer Reihe von Tugenden beschließt diesen Teil (V. 38–59).

Der zweite Abschnitt (V. 60–81) befaßt sich mit Heitos Tätigkeit als Abt der Reichenau und seiner erfolgreichen Gesandtschaftsreise nach Konstantinopel, der dritte (V. 82–103) mit seiner schweren Krankheit im Pestjahr 823, seinem Rücktritt von den Ämtern und der Rückkehr zum Leben eines einfachen Mönchs. In der Produktzahl 66 sind aber auch die Faktoren 2 × 33 enthalten; die Zahl 33 war durch die Lebensjahre Christi geheiligt. Ein Blick auf die Verse 38–70 einerseits, 71–103 andererseits bestätigt auch diese Gliederung; die erste Hälfte ist dabei Heitos Tätigkeit als Bischof und Abt, die zweite seiner Gesandtschaftsreise und seiner Resignation gewidmet. Sein Leben ist, wie die Symbolzahl besagt, Nachfolge Christi. Ohnehin wird dem Leser nach der Lektüre des Visionsberichtes klar, daß es für Walahfrid eine noch wichtigere Klammer als den lokalen und historischen Bezug gibt, um diesen Vorspann über die Reihe der Reichenauer Äbte und besonders über Heito mit den Lehren der Vision zu verbinden: Heitos Tugenden erscheinen als leuchtendes Gegenbild zu den dort gegeißelten Lastern der Mönche und Weltgeistlichen. Er ist ein guter Hirte, er bemüht sich um besseren Lebenswandel der ihm unterstellten Geistlichkeit, sein Urteil ist gerecht, er hängt nicht am Amt, nicht am Ruhm der Welt, sondern sucht ein nur Gott geweihtes Leben in strenger Askese.

Mit einem besonderen Proömium, das noch Größeres verheißt[37], leitet Walahfrid seine Verse über den neuen Abt Erlebald ein. Vielleicht geht diese höhere Wertung des Nachfolgers auch auf Äußerungen Heitos selbst zurück, die vom Geist der *humilitas* getragen waren. Um die größere Vollkommenheit auch implizit in der Zahlenkomposition auszudrücken, weist Walahfrid Erlebald insgesamt drei Verse mehr, also 3 × 23 Verse, zu[38]. Erlebald war zwar kein Unbekannter mehr, aber angesichts seiner erst zwei- bis dreijährigen Amtszeit gab es noch wenig zu berichten. Doch Fakten waren ja, wie gesagt, nicht das Wesentliche. So stilisiert ihn Walahfrid in mehreren Ansätzen zum vorbildlichen Abt, füllt aber den ihm gewidmeten Abschnitt durch einige Einschübe und Wiederholungen auf. Im ersten Teil (V. 104–126) liest man eine Rechtfertigung des Studiums der Septem Artes Liberales im klösterlichen Bildungskanon, erhält auch einen ersten Hinweis auf Wetti, im zweiten (V. 127–149) wird wegen Erlebalds Teilnahme noch einmal Heitos Fahrt nach Konstantinopel erwähnt; der dritte Teil (V. 150–172) ist dem Verhältnis Heito-Erlebald gewidmet, um Idealbilder von Meister und Schüler, geistlicher Vater- und Sohnschaft, Führung und Gehorsam aufzuzeigen und die daraus erwachsende Eintracht der klösterlichen Gemeinschaft zu preisen.

16

Zählen wir die den beiden Äbten gewidmeten Verse (V. 38–172) zusammen, so ergibt sich die Zahl 135; multiplizieren wir 135 mit 7, erhalten wir 945: genau das ist die Verszahl des gesamten Gedichts. Kein Abschnitt in diesem Werk ist so klar in sich gegliedert und steht zugleich in so auffallendem Zahlenverhältnis zum Ganzen wie die genannten 135 Verse; so haben wir hier den Schlüssel zur Gesamtkomposition in der Hand. Was ist der Sinn dieser Zahlenkomposition? Betrachtet man Walahfrids Ausführungen über Heito und Erlebald und bringt damit die oft der Sieben zugewiesene symbolische Bedeutung in Verbindung (die Sieben ist die Zahl der Geistesgaben und der Tugenden), so wird man das, was Walahfrid dadurch aussagen wollte, etwa so interpretieren dürfen: das gemeinsame Wirken der beiden Äbte läßt im Inselkloster eine ideale Gemeinschaft entstehen, in der sich die Gaben des Geistes und die Kraft der Tugenden entfalten; eine Frucht daraus ist die große Vision, die Wetti geschaut hat. Zusammen mit den ebenfalls 135 Versen, die nach der Rede des Engels den Schluß bilden und im wesentlichen Wettis letzte Stunden zum Gegenstand haben (V. 811–945), ergibt der Abschnitt über die beiden Äbte auch den Rahmen für den Visionsbericht.

Die Zahl 945 ist auch in anderer Hinsicht mit Bedacht gewählt. Teilt man sie durch 7 und durch 3, entstehen beidesmal Quotienten mit denselben Ziffern und derselben deutbaren Quersumme 9 (135 und 315; auf die Bedeutung der Zahl 315 für das Gedicht kommen wir noch zurück); und ferner ist 945 das Produkt aus $3 \times 5 \times 7 \times 9$. Daß sinnträchtige Zahlen den Bau eines Werkes bestimmen, ist bekanntlich die Konsequenz aus dem Gedanken, daß solche Zahlen die gottgewollte Ordnung der Dinge selbst beherrschen[39]. Man kann diese Vorstellung auch an mancher Zahlenangabe Walahfrids ablesen; so unterstreicht er die Bedeutung des 118. Psalms durch die umständlich erscheinende Umschreibung, daß dieser auf den 117. Psalm folge, und bringt damit die Zahlen 100, 10 und 7 ins Spiel (V. 303 ff.). Ebenso erkennt er das Walten der Zahl in der Geschichte und schlüsselt die Daten bedeutsamer Ereignisse entsprechend auf: das Jahr der Abdankung Heitos wird durch die Zahlen 2, 9, 10 und 60 bestimmt (V. 82 ff.), das Datum des Beginns von Wettis Krankheit in die Zahlen 4, 5, 6, 7, 11 und 800 zerlegt; für den Tag der Vision kommt noch die Drei hinzu (V. 183 ff. und 199). Natürlich bestand für Walahfrid wie für seine klassischen Vorbilder bei großen Zahlen die technische Schwierigkeit, sie im Vers unterzubringen, doch erklärt dieser Zwang die Art der Zerlegung nicht.

Es lohnt sich, Walahfrids Suche nach sinnträchtigen Zahlen in der Geschichte noch etwas weiter zu verfolgen. Wie schon erwähnt, wird Heito eine 2×9jährige Amtszeit zugeschrieben (V. 83), womit die Zeit seines Abbatiats auf der Reichenau gemeint ist, wenn man 806 und 823 als ganze Jahre mitzählt; wären seine Jahre im Bischofsamt dabei inbegriffen, wäre die Zahl zu niedrig angesetzt, da Heito wohl schon 802 Bischof von Basel wurde[40]. Rechnet man nun diese achtzehnjährige Amtszeit mit den zu den Vorgängern Heitos genannten Jahreszahlen (in V. 27–37) zusammen, so ergeben sich genau 100 Jahre! Der Darstellung dieser Epoche sind 77 Verse (V. 27–103) gewidmet. Erlebalds Regierungsantritt leitet demnach für das Inselkloster eine neues Jahrhundert ein und wird entsprechend angekündigt: Die Formulierung »*Musa soror, maiora refer*« (V. 104) läßt den ersten

Vers von Vergils vierter Ekloge anklingen: »*Sicelides Musae, paulo maiora canamus!*« Die Beziehung ist evident, lief doch jene Ekloge unter dem Titel *Interpretatio novi saeculi* um. In diese Zusammenhänge muß man auch die Vision Wettis eingeordnet sehen: sie ist das erste bedeutende Ereignis im neuen Saeculum der Reichenau und hat einen bedeutsamen Platz im gottgewollten Lauf der Geschichte dieses Klosters.

An dieser Stelle aber stoßen wir auf Probleme der Frühgeschichte der Reichenau, bei der nach wie vor so vieles offen ist. Hierzu hat in jüngster Zeit Alois Schütz neue Beobachtungen mitgeteilt[41], aus denen wir einige für uns hier wichtige Einzelheiten zunächst herausgreifen wollen. Nach diesen Darlegungen scheiden die gefälschten Gründungsurkunden (zu den beiden bisher bekannten ist ein neuer Fund hinzugekommen) als zuverlässige Geschichtsquellen aus; Walahfrid selbst dürfte keine Gründungsurkunde gekannt haben. Desgleichen konnte er auf das Verbrüderungsbuch nicht als Quelle für die historische Erhellung der Frühzeit zurückgreifen, da dieses Buch unter anderen Gesichtspunkten angelegt wurde, und vor allem, weil es selbst nur unklare Vorstellungen der Eintragenden über die Anfänge erkennen läßt. Ähnlich konnte auch der Hornbacher Biograph Pirmins im 9. Jahrhundert auf der Reichenau nur ungenügende Auskünfte zu seinem Thema erhalten. Walahfrid war also angesichts dieses Mangels an Überlieferung über die Frühzeit gezwungen, »die Sedenzzeiten der Äbte seines Klosters recht und schlecht zu bestimmen«, so daß man gegenüber seiner Abtreihe und seinen Jahresangaben vorsichtig sein muß. Es ergeben sich entsprechend Zweifel an der Richtigkeit einiger überlieferter Fakten: Heddo (Eto), der nach Walahfrids und Hermanns des Lahmen Bericht Nachfolger Pirmins gewesen sein soll, ist erst seit den vierziger Jahren des 8. Jahrhunderts nachweisbar, und fraglich ist, ob der an dritter Stelle genannte Geba überhaupt je Abt auf der Reichenau gewesen ist. Hermann der Lahme aber ist bezüglich der Frühzeit der Reichenau von Walahfrids Abtkatalog und den dort genannten Sedenzzeiten abhängig.

Diesen Ergebnissen kommen nun unsere bei der Betrachtung der Visio Wettini gemachten Beobachtungen entgegen. Wir erwähnten eben Walahfrids Überzeugung von der Bedeutung der Zahl, nicht nur für den Aufbau seines Werkes, sondern für die Weltordnung überhaupt und damit auch für den Ablauf der Geschichte. Diese Zahlen sind dem Leser des Werkes und dem Betrachter der Geschichte oft verborgen und müssen, bisweilen mit Hilfe einer Andeutung, gesucht und erschlossen werden. Die aus den Sedenzzeiten durch Addition sich ergebende Zahl von hundert Jahren, verbunden mit dem Hinweis auf ein neues, größeres Saeculum des gesegneten Inselklosters, ist zu auffallend, als daß es sich dabei um tatsächliche geschichtliche Daten handeln könnte. Diese Vermutung wird erhärtet, wenn wir die Sedenzzeiten von Pirmin, Heddo und Arnefrid betrachten: da treffen wir auf die Zahlen Drei, Sieben und Zehn. Die Zwei, die das Abbatiat Gebas bestimmt, stört dabei nicht; an Geba, der im Verbrüderungsbuch erst nach Waldo aufgeführt wird und dessen Abbatiat auf der Reichenau nach Schütz überhaupt bezweifelt werden muß, hat man sich wohl am wenigsten mehr erinnert, und in der späteren Überlieferung erscheint er sogar als schlechter Abt; ihn hat Walahfrid sozusagen zur Auffüllung einer Lücke mit einer unbedeutenden Zahl bedacht. Die Erwartung einer vollkommenen Zahl brachte Walahfrid dazu, die in der Überlieferung nicht mehr greifbaren Jahresangaben unter Verwendung weiterer sinnträchtiger Zahlen auf die runde Hundert hin zu konkretisieren. Übrigens werden wir die Bedeutung der Hundert in diesem Gedicht bei Vers 126 und vor allem bei den Versen 525–624 wiederfinden. Aufgrund der Angaben Walahfrids berechnete dann Hermann der Lahme das Jahr 724 als Gründungsjahr des Inselklosters, und von ihm übernahmen dies die Fälscher der Gründungsurkunden; wir verdanken also die traditionellen Daten zur Frühgeschichte der Reichenau allein Walahfrids Neigung zur Zahlenallegorese. Wir erkennen auch die ganz andere Ausrichtung dieser frühesten Geschichtsschreibung der Reichenau: Walahfrid ist nicht Chronist wie zweihundert Jahre später Hermann der Lahme; ihm ist Sinndeutung und Suche nach geheimnisvollen Spuren göttlicher Ordnung in der Geschichte wichtiger als kritische Sichtung von Fakten. Die Frage, welches Jahr dann das wirkliche Gründungsjahr des Inselklosters gewesen ist, bleibt also offen und muß von der Geschichtswissenschaft mit neuen Schlüssen oder neuen Methoden geklärt werden.

Vor den Bericht von Wettis beginnender Krankheit, womit Heitos Prosafassung einsetzt, schiebt Walahfrid ein weiteres Proömium und stellt dann Wetti als den in den Sieben Künsten wohlbewanderten Leiter der Klosterschule vor, der es mit der *nitida et lasciva iuventus* (V. 179), der feinen, ausgelassenen Jugend, zu tun hatte. Wenn Walahfrid sogleich geflissentlich hinzufügt, Wetti habe dennoch offensichtlich ein Leben in Zucht und Maß geführt, so ahnt man den Zwiespalt, dem der lehrende Mönch durch den Kontakt mit der zweifellos oft andere als klösterliche Zukunftspläne hegenden Jugend einerseits und der eigenen asketischen Lebensführung andererseits ausgesetzt war. Es sei erlaubt, zur Illustration auf eine entfernte Parallele aus späterer Zeit zu verweisen, die auf Erfahrungen eines Ritters am selben Ort zurückgreift und in der die weltlichen Ziele eines Klosterschülers mit der geistlichen Bildung konfrontiert werden: Hartmann von Aue, selbst Schüler der Reichenau, läßt den jungen Gregorius nach der Schilderung seiner Erziehung im Kloster zum Abt sagen:

> »Ich belibe hie lîhte staete,
> ob ich den willen haete
> des ich leider niht enhân.
> ze ritterschefte stât mîn wân.« (V. 1511–1514)

»Ich würde hier vielleicht ständig bleiben, wenn ich den Willen dazu hätte. Den habe ich leider nicht; nach Ritterschaft steht mein Sinn.« Thomas Mann hat ja dann diesen »Disput« in seinem Roman »Der Erwählte« genüßlich ausfabuliert. Doch zurück zu Walahfrids Bemerkung: sie wird erst verständlich als Korrektur angesichts der heftigen Vorwürfe, die Wetti in der Vision zu hören bekommt[42]; Walahfrid sieht den Widerspruch und möchte seinen Lehrer rechtfertigen: »soweit wir nach dem Äußeren urteilen können«, fügt er vorsichtig in Anlehnung an Schriftstellen hinzu; denn der Mensch sieht auf das Äußere, Gott aber sieht auf das Herz[43].

Nüchtern und sachlich beginnt Heito mit dem Bericht von Wettis Krankheit; in einer ausladenden Periode mit eingeschobenem Zwischensatz, wie beim Epos gerade am Anfang üblich[44], setzt Walahfrid ein; ausführlich hält er nach Art des Epos und zugleich einer Urkunde das Datum des wichtigen Ereignisses fest. Während sich Heito auf die Angabe *die sabbati* beschränkt, bestimmt Walahfrid jenen Tag genau nach dem Jahr der Heilsgeschichte und der weltlichen Geschichte, nach Monat und Wochentag. Feierlich wird auch der dritte Tag bestimmt, nach dem die Vision stattfand: *Tertia lux oritur, noctisque rotam Hesperus affert* (V. 199). Als Wetti an diesem Abend die Augen schloß, aber noch nicht eingeschlafen war (somit steht das folgende Erlebnis der Realität näher als ein Traum, wenn auch Heitos Bericht bemerkt: »wie er selbst bekannte«), sah er einen Teufel, der ihm für den morgigen Tag die Martern der Hölle androhte. In seinem augenlosen Gesicht sieht Walahfrid die Blindheit des Bösen, die den Menschen verführt, schlechthin verkörpert; so schließt er eine Klage über die Blindheit der Menschen an, die zum Dunkel streben statt zum Licht[45]. Während in Wettis Vision, wie sie Heito berichtet, mit dem *spiritus malignus* wohl nur irgendein böser Geist unter vielen gemeint war, stellt ihn Walahfrid als den Teufel selbst, den Meister der anderen bösen Geister (V. 222), den großen Gegenspieler Gottes, dar und charakterisiert ihn mit den sprachlichen Mitteln, die die christlich-mittelalterliche Dichtung häufig zur Beschreibung des bedrohenden Bösen verwendet, so etwa Prudentius für Goliath oder Sedulius für den Verräter Judas[46].

In Heitos Bericht tragen die nun erscheinenden Dämonen kleine Schilde und Lanzen und machen sich daran, einen Bau nach Art eines italischen Bibliotheksschrankes *(armarium Italicum)* zu errichten. Die Angst, in einen solchen Schrank eingeschlossen zu werden, verrät, daß Klaustrophobie für Wetti eine vertraute Empfindung gewesen sein muß; dies bestätigen seine später folgenden Visionen von der Einsperrung büßender Mönche in eine qualmerfüllte Burg und von der eines habgierigen Mitbruders in einen Bleikasten. Übrigens war auch Walahfrids Mitschüler und Freund Gottschalk sichtlich beeindruckt von diesem Vergleich mit dem *armarium*[47]; Walahfrid dagegen läßt ihn weg, nicht nur, weil es vielleicht der erhabene Stil seines poetischen Werkes verlangte. Er empfand einen Widerspruch zwischen solchen irdisch-konkreten Details und dem überirdischen Geschehen, zwischen der realistischen Einzelheit und der hohen Aussage des Traums, wie wir noch an anderen Stellen sehen werden. Dafür aber erläutert er den Zustand der bedrängten Seele Wettis mit der tropologischen Deutung der Zerstörung Jerusalems. Ganz offensichtlich liegt diesen Ausführungen der Walahfrid in der Überlieferung zugeschriebene, aber nicht mit Sicherheit zugewiesene *Tractatus de subversione Jerusalem*[48] zugrunde. Der Bau des Walls wird dort so gedeutet, daß die unreinen Geister der Seele beim Tod des Menschen alle Sünden in Erinnerung bringen; dieselben Geister, die die Seele verführt haben, werden auch ihre Peiniger. Für das Verständnis von Walahfrids Visio Wettini eröffnet dieser Abschnitt wichtige Perspektiven: die Vision Wettis erfährt durch die biblische Parallele nicht nur eine Erläuterung und Bestätigung, sondern sie verlangt für sich dieselbe Art der Deutung. Im Literalsinn lesen wir vom Bau des engen Kerkers, tropologisch ist darunter der Zustand der Seele zu verstehen, die sich an der Grenze des Todes ausweglos in ihre Schuld verstrickt sieht. Und die Gestalt Wettis selbst ist nicht nur *ad litteram* der historische Wetti und Leiter der Klosterschule, sondern übertragen Bild des schuldbewußten und an seiner Rettung verzweifelnden Menschen – ähnlich wie in der Göttlichen Komödie der Wanderer Dante, der sich im wilden Wald verirrt, den verlorenen, sündigen und in seiner Angst ratlosen Menschen repräsentieren wird.

Variiert erscheint nun das alte Motiv des Kampfes der Teufel und der Engel um die Seele: es sind hier Mönche von strahlender Gestalt, die die Teufel vertreiben. Den realistischen Vermerk Heitos, daß diese Mönche auf Bänken saßen, läßt Walahfrid weg, spricht aber dafür ohne Anhaltspunkt in der Vorlage von ihrer fremdartigen Gewandung. Wahrscheinlich verdankt dieses eindrucksvolle Bild der hilfreichen Mönchsschar sein Entstehen dem Glauben an die Wirksamkeit der Gebetsverbrüderung, wie sie die Klöster damals mehr und mehr pflegten.

Dann aber, mit dem Verschwinden der Angst, erscheint die Gestalt des Engels, zunächst in purpurnem Gewand. Diese Farbe, erklärt der Kommentar in der Handschrift ℛ, weise auf den Zorn des Engels hin, der über das Auftreten der Dämonen empört sei. Vielleicht aber läßt sich die Bedeutung der Farbe mit frühen Darstellungen in Verbindung bringen, auf denen ein roter Engel dem Dämon gegenübergestellt ist, wobei Rot als Farbe des Feuers und des Lichts das Gute versinnbildlicht[49]. Der liebevolle Gruß des Engels an Wetti bildet den Kontrast zur vorherigen Drohung des Teufels. Doch nun ergreift Wetti selbst das Wort, um sein Schicksal ganz der göttlichen Gnade anheimzustellen, die ja in noch größerem Maß helfen muß, da die Menschen schwächer geworden sind, ein Gedanke, der dem Mönch auch in der Benediktregel (cap. 18,35; 73,7) ständig in Erinnerung gerufen wurde.

Den Satz, mit dem Walahfrid den Bericht von der ersten Vision abschließt (V. 260 f.), kann man wohl nur durch einen Übersetzungsfehler erklären. Heito schrieb: »Mit einer solchen Unterredung des Engels und des genannten Bruders endete die erste Vision, die wir aufgrund eines persönlichen Gesprächs nach seinem Bericht aufschreiben ließen, wobei wir, die wir dies verfaßt haben, nichts von uns aus weggelassen oder hinzugefügt haben« (cap. 3)[50]. Walahfrid muß *prior ... quam* komparativisch verstanden haben (»eher ... als«); die weitere Bemerkung Heitos ist von ihm übergangen worden. Wir brauchen uns also über die Bedeutung der genannten beiden Verse bei Walahfrid keine Gedanken zu machen; die Stelle ist aber ein Indiz dafür, daß die Versdichtung nicht unter den Augen Heitos und anderer sachverständiger Mitbrüder, die Heitos Fassung genauer damit verglichen, entstanden ist.

Wetti erwacht und sieht zwei Mitbrüder bei sich; einer davon war Tatto, sein späterer Nachfolger, damals Prior des Klosters. Die beiden erfahren Wettis Traum, sehen seine Angst und Bußgesinnung, beten mit ihm und lesen dem Kranken schließlich einen längeren Abschnitt aus dem vierten Buch der Dialoge Gregors des Großen vor, etwa neun bis zehn Blätter, wie Heito auch hier wieder präzisiert. Daß Wetti nach dieser Lektüre verlangte, ist nur allzu verständlich; denn was er an diesem Abend gesehen hatte, die

Erscheinung der bösen Geister, der weißgekleideten Gestalten, des Engels und das Ringen der himmlischen und höllischen Mächte um die Seele, war in mehreren Variationen Thema jenes Werkes. Und während er zuhörte, wie Tatto einen Teil daraus vorlas, werden ihm auch die anderen Berichte und die grundlegenden Gedanken Gregors wieder bewußt geworden sein, die dann auch seine eigene Vision bestimmen sollten: daß oft in solchen Traumgesichten der Tod vorausgesagt wurde, daß aber der Blick auf die himmlische Gemeinschaft die Angst mindern konnte; daß Visionen Mahnungen für die Lebenden sein sollten; daß diejenigen, die gleiche Sünden begangen hatten, zusammen in der Hölle bestraft wurden, daß auch Mächtige in der Hölle gepeinigt wurden und daß das Feuer oder auch eine andere Art der Strafe für die einen ewig, für die anderen vorübergehend war.

Inzwischen war es tiefe Nacht geworden; Wetti bat die Brüder, sich zur Ruhe zu begeben, er selbst suchte den Schlaf. Da erschien ihm der Engel wieder, jetzt in strahlendem Weiß wie die Engel der Apokalypse oder die der Visionen des Dryhthelm oder des Barontus. Er lobte Wetti für sein Beten und seine Lektüre und empfahl ihm besonders den hochgeschätzten 118. Psalm *(Beati immaculati in via)*. Schon Ambrosius hatte in einer Predigt von der *moralitas* in diesem Psalm gesprochen; Augustinus hatte sich erst auf langes Bitten herbeigelassen, ihn zu erklären; Benedikt machte ihn zum festen Bestand des sonntäglichen Psalmengesangs, und nicht zuletzt pries ihn Alkuin: »Und selbst wenn du bis an dein Lebensende den Gehalt dieses Psalms erforschst und darüber meditierst, wirst du ihn nie, glaube ich, völlig durchschauen können; daher brauchst du deinen Verstand nicht für viele Bücher zu verzetteln«[51].

Und nun beginnt der Engel mit Wetti die Jenseitswanderung »auf lieblichem Pfade« (V. 311), der noch in keiner Weise auf den Gang zum Ort der Verdammten hinweist. Wem fällt nicht als Kontrast hierzu der berühmte Vergilvers ein, der den Unterweltsgang des Äneas einleitet und den auch Beda und Alkuin in der Vision des Dryhthelm vor der Schilderung der Hölle zitieren: *Ibant obscuri sola sub nocte per umbram* (VI, 268)? Die beiden Wanderer erblicken Berge von gewaltiger Höhe, »die die Sterne berühren«, wie Walahfrid in epischer Hyperbel beschreibt, glänzend wie Marmor; ihren Fuß umströmt der feurige Fluß, in dem die Verdammten leiden. Diesen Fluß können wir mit dem Phlegethon des sechsten Äneisbuches vergleichen, und Walahfrid erinnert an die Vergilstelle (VI, 550f.) durch seine Wortwahl und einen ähnlichen Gebrauch von Alliterationen *(amnis/ambit; in circuitu praecingens; inexhaustos ignes; tribuens intrantibus)*. Vergleichbar ist auch das Bild der Apokalypse vom See, der von Feuer und Schwefel brennt (21,8). Schwer ist dagegen Herkunft und Sinn des marmornen Gebirges zu erklären, in dessen Schilderung Walahfrid zurückhaltender ist als Heito. Sicher ist, daß es in seiner leuchtenden Schönheit einen Kontrast bildet zum Ort der Verdammten, ähnlich wie später bei Dante der *dilettoso monte* Kontrast zum Tal der Sünde sein wird, auch dort in der Bedeutung umstritten[52]. Nur kurz wird die gewaltige Zahl der Verdammten erwähnt, auch daß Wetti hier Bekannte vorfand, dann fällt der Blick auf eine Gruppe wegen ihrer Unzucht bestrafter Priester, die, an Pfähle gefesselt, die Mittäterin ihrer Sünde vor Augen, nach dem Talionsprinzip immer wieder an den Körperteilen gegeißelt werden, die zur

Sünde dienten. Auf weitere Gruppen bestrafter geistlicher Sünder weist der Engel durch eine Strafrede hin: sie hätten nur an irdischen Gewinn, an Ämter am Hofe, prachtvolle Kleidung, Tafelfreuden und Dirnen gedacht. »Der durch Pest und Hunger gequälten Welt könnten sie helfen, wenn sie mit ganzer Kraft Gott ihren Gewinn brächten« (V. 335 f.) lauten die mahnenden Worte, die deutlich an die noch lebenden Sünder gerichtet sind, in Anspielung auf das Gleichnis von den Talenten (Matthäus 25,14 ff.), bei dessen Auslegung das Arbeiten mit dem anvertrauten Geld als Wirken zum Heil der Seelen verstanden wurde. Bei Heito steht es noch genauer: »Sie hätten der an Pest und Hunger leidenden Welt durch ihr Gebet helfen können.« Das ist eine aktuelle Bezugnahme auf die Pest von 823, die offensichtlich noch immer ihre Opfer forderte, wie sich auch aus der späteren Frage Wettis an den Engel über die Ursache dieser Not (V. 785 ff.) ergibt.

Walahfrid fügt hier 24 Verse ein, in denen er das Thema der bestraften Priester als Mahnrede an die Lebenden dieses Standes fortführt. Er leitet sie mit einer Bitte ein: »Väter, wenn ich ein wenig noch hinzufüge, verschmäht es bitte nicht!« (V. 339). Wenn der Dichter in diesem Werk in der Ich-Form spricht, so ist damit zweifellos vielfach das übliche formelhafte Ich des epischen Erzählers gemeint[53]; immer wieder aber nimmt Walahfrid auf seine konkrete Person Bezug, so deutlich schon im Proömium[54]. Die hier zu besprechende Stelle ist von beiden Möglichkeiten her zu verstehen: Der junge Walahfrid bittet um Gehör für sein Wort, das er in seiner neuen Rolle des mahnenden Dichters verkünden will. Und er entfaltet ein dichtes Gewebe biblischer Gedanken und Bilder: das Bild vom Hirten und dem Wolf, der in den Schafstall einbricht, von der Kirche als der Braut Christi, die Vertreibung der Händler aus dem Tempel, das Endgericht nach dem Matthäusevangelium und Jesaia. Die vorgetragenen Gedanken erscheinen wie ein Konzentrat aus dem erwähnten *Tractatus de subversione Jerusalem;* Bild und Begriff des Hirten sind der Faden, an dem sie neu aufgereiht sind; zusätzlich wird auf eine Reihe weiterer Bibelstellen angespielt. Es sind zwei Hauptfehler, die den schlechten Hirten vorgeworfen werden: Habgier und Ruhmsucht. Die Anklage gegen die Habgier gipfelt in dem Bild von den Taubenhändlern im Tempel und ihrer Vertreibung durch Jesus[55]. Warum Taubenhandel? Dazu steht im genannten Traktat die Erklärung: Die Taube bedeutet den Heiligen Geist; wer also Gnadengaben um des Gewinnes willen austeilt, ist ein solcher Taubenverkäufer, und solche Händler vertreibt der Herr aus dem Tempel. Das bedeutet, er sondert sie am Tag des Gerichts ab von der Gemeinschaft der Heiligen. Auch der nächste Vorwurf: »Warum willst du groß sein für dich?« (V. 353) hat seine Parallele in der genannten tropologischen Auslegung im selben Zusammenhang. Gemeint ist bei diesem Vorwurf das Streben nach Ruhm und Ansehen. Während nun in dem zu vergleichenden Traktat das Schaf als Sinnbild der Unschuld *(innocentia)* und der redlichen Aufrichtigkeit *(simplicitas)* erklärt und als Händler mit Schafen im Tempel derjenige gerügt wird, der die Eigenschaften des Schafes bzw. Lammes, des Sinnbilds für Christus, anderen nur zeige, um bei den Menschen Lob und Ansehen für sich selbst zu erlangen, verwendet Walahfrid hier in konsequenter Analogie zum Hirtenbild das Bild der Schafe für die anvertrauten Seelen, über die der Priester Rechenschaft abzulegen hat und die er beim Jüngsten Gericht zur

Rechten Gottes sehen wird[56]; damit wird, wiederum folgerichtig eingearbeitet, die Matthäusstelle vom Weltgericht (25,31 ff.) zitiert, die auch in dem Traktat den vergleichbaren Abschnitt beschließt. Und schließlich liest man am Schluß jener Abhandlung: »Bitten wir den Herrn, daß er, der die Zerstörung des irdischen Jerusalem zugelassen und bestimmt hat, daß danach das himmlische Jerusalem ewig bestehe, die Sünden unseres Leibes und unserer Seele austilge, um uns in die Gemächer seiner Braut zu führen (Hohes Lied 1,4), damit wir ohne Ende mit ihm die ewigen Güter Jerusalems schauen.« Auch dieses Bild von den Gemächern der Braut Christi hat Walahfrid aufgegriffen und in harter Deutlichkeit an den Anfang seines Exkurses gestellt: Habgier und Ruhmsucht der Priester schänden die Kirche, die einst die Braut Christi, das heilige Jerusalem sein wird (Apokalypse 21,2). Die Gedrängtheit dieses Exkurses V. 339–362, die Ausrichtung der Bilder auf den Gedankengang hin und die Anreicherung durch eine Reihe weiterer Gedanken aus dem Johannesevangelium, dem Hebräerbrief, dem Petrusbrief und aus Jesaia beweisen, daß der Traktat über die Zerstörung Jerusalems früher anzusetzen ist als die Visio Wettini Walahfrids. Hinzu kommt, daß Walahfrid an einer dritten Stelle (V. 509 ff.) auf dieses kleine Werk zurückgegriffen hat.

Gerade an den eben besprochenen Versen dürfte die Richtung, in der Walahfrid seinen Beitrag zum Visionsbericht leisten wollte, deutlich geworden sein; es war eine Fortführung des Anliegens, das auch Heitos Bericht beherrscht hatte: es ging vorwiegend um Paränese durch Erklärung und Belehrung, nicht um dramatische Bilder und Szenen einer Jenseitswanderung. Auch Wettis Traumbildern selbst haben wesentliche Züge eines dramatischen Realismus gefehlt, wie wir ihn etwa in der Vision des Barontus antreffen; es fehlt auch jene eigenartige, fast malerische Stimmung, die die Vision des Dryhthelm kennzeichnet. All diese Züge wird später Dantes Werk umfassend vereinen. Hier in Wettis Vision gibt es keinen Gestank der Hölle, kein Schreien der Verdammten, keine Darstellung von Qual und Schmerzen, keine agierenden Dämonen, die auf die bestraften Sünder mit Geißelhieben einschlagen; bei keiner Strafe wird der Vollzug anschaulich geschildert; auch findet kein Gespräch zwischen Wetti und den Seelen statt, der einzige Gesprächspartner ist der Engel. Und Walahfrid selbst läßt manches anschauliche Detail noch weg, das bei Heito zu lesen war.

Was der Visio Wettini ebenso fehlt, mehr noch als anderen vergleichbaren Visionen, ist die topographische Zuordnung. So stehen das Gebirge mit dem Feuerfluß, der burgartige Bau der büßenden Mönche und der Läuterungsberg des Abtes Waldo ohne jede lokale Beziehung zueinander; über den Ort, wo Karl der Große steht, und den, wo die geraubten Schätze der Grafen gezeigt werden, wird überhaupt nichts Näheres gesagt; dasselbe gilt für die Regionen der Seligen und das himmlische Jerusalem. Ferner fehlt in der Abfolge der Erzählung eine genaue Trennung der Orte der Verdammten und der sich läuternden Seelen.

Ein Ort der Läuterung[57] ist das nun erwähnte burgartige, aus wirr aufgeschichteten Steinen bestehende und von Qualm und Rauch durchzogene Gebäude, in dem Mönche eingeschlossen sind. Heito erwähnt überdies, daß es rußgeschwärzt sei. Herkunft und

Sinn dieses Bildes sind nicht schwer zu enträtseln: es ist Gegenbild zu einem gut gefügten Bau aus goldenen Steinen, wie er bei Gregor geschildert wird, wo dann die Steine als die guten Taten gedeutet werden, oder zu dem mit wohlbehauenen, hellglänzenden Steinen errichteten Turm der triumphierenden Kirche im Hirt des Hermas, somit auch Gegenbild zum geordneten Bau eines Klosters (was sollte dieser anderes sein als Abbild himmlischer Ordnung?) und schließlich des himmlischen Jerusalem[58]. Rauch und Qualm als Gegensatz zu Helle und Klarheit bezeichnen in allen Visionen den Zustand der Sünde, verstanden als Trübung des Blicks für die klare Erkenntnis. Rauch ist auch immer wiederkehrendes Attribut der Peinigung und Strafe; so spricht die Apokalypse vom Rauch der Qualen (14,11).

Von einer besonderen Strafe ist in diesem Zusammenhang noch die Rede: es handelt sich um die eines nicht genannten Mönchs, der das Gelübde der Armut nicht beachtet und Geld für sich aufbewahrt hatte. Diese Sünde wurde seit Bestehen der Klöster immer wieder scharf verurteilt: *praecipue hoc vitium radicitus amputandum est de monasterio*, mahnt die Benediktregel (cap. 33,1). Erwähnt sei, wie Gregor der Große einem sterbenden Mönch seines Klosters, der Goldstücke für sich behalten hatte, den Trost der klösterlichen Gemeinschaft entzog und ihn einem elenden Tod überließ[59]. In einem Kloster, dessen Mönche zum Teil aus dem begüterten hohen Adel stammten, dürfte die Versuchung, noch über etwas eigenen Besitz zu verfügen, nicht gerade gering gewesen sein. Überaus sinnfällig ist die Strafe für diesen Mönch: er ist in einen Bleikasten eingeschlossen. Das alte Motiv vom Blei als Karikatur des Goldes taucht immer wieder im Zusammenhang mit der *avaritia* auf. *Arca* kann »Sarg« bedeuten, was auch durch die Zeit des Eingeschlossenseins bis zum Jüngsten Gericht naheliegt, aber auch einfach »Truhe, Kasten«, speziell »Geldkasten«; die letztgenannte Bedeutung fügt sich gut zu dem, was Walahfrid dazu äußert; er gewinnt diesem Dantescher Phantasie würdigen Bild die sarkastische Antithese ab: Dieser Mönch hatte einst einen Kasten aus Holz für die Aufbewahrung seines Geldes, nun besitzt ihn ein Kasten aus Blei bis zum Tag des Gerichts, um ihn mit ungewissem Ende[60] wieder herauszugeben, »auszuspeien« (V. 372f.). Der Vergleich mit Ananias und Saphira, der eine Begebenheit aus der Apostelgeschichte (5,1–11) aufgreift, wird auch schon in der Benediktregel (cap. 57,5) für Veruntreuung von Klostergut herangezogen; in einem genau unserer Stelle entsprechenden Sinn, nämlich als Beispiel für die bestrafte Sünde des *proprium* bzw. *peculiare*, des Eigenbesitzes, zitiert ihn Benedikt von Aniane in seiner Regelsammlung[61]. Verstoß gegen das Gelübde, Betrug und Sakrileg fallen hierbei erschwerend mit der Sünde der Habgier zusammen.

Ein Wort noch zu der anschließenden, auch von Walahfrid wiedergegebenen Bemerkung Heitos, ein anderer Mitbruder habe zehn Jahre früher schon einen Traum von der Bestrafung des habgierigen Mönchs gehabt, was die Wichtigkeit der Bekämpfung dieses Lasters zeige (V. 376–383). Der Zusatz, Wetti habe die genannte frühere Vision nicht gekannt, hat Mißtrauen erregt[62]. Zunächst ist festzustellen, daß lediglich von einer *similis visio* bzw. *similis sententia* die Rede ist; in welch weitem Sinn das verstanden werden kann, wird sich beim nächsten Abschnitt beobachten lassen.

Der nun folgende Teil mit der Strafe des Abtes Waldo, dem parallel dazu berichteten Traum und der versäumten Fürbitte (V. 391–446) stellt dem Verständnis zweifellos noch die meisten Schwierigkeiten in den Weg. Daß Abt Waldo, dessen Name akrostichisch von Walahfrid genannt wird (V. 394–399), der Gewalt der Elemente preisgegeben ist, erinnert an eine ähnliche Strafe der büßenden Seelen in der Vision des Dryhthelm: jene werden, wie von einem Wind getrieben, bald der äußersten Hitze, bald der äußersten Kälte ausgesetzt; auch in jenem Zusammenhang wird unmittelbar anschließend von der Hilfe der Fürbitte gesprochen. Aber nicht in einem Tal wie in der genannten Vision, sondern auf der Höhe eines Berges erleidet der Abt seine Strafe. Man hat darauf hingewiesen, daß hier zum erstenmal in der Visionsliteratur das Motiv des Läuterungsberges erscheint, wenngleich ein großer Unterschied zu Dantes Purgatorio-Berg besteht, der mühsam erklommen werden muß und auf dessen Höhe den Büßer das irdische Paradies erwartet. Mit keiner Andeutung wird die Schuld Waldos genannt, so daß man auf Vermutungen angewiesen ist; doch nicht einmal der Biograph Waldos, Emmanuel Munding, versucht dazu eine Erklärung. Er stellt indes fest, daß das Urteil, das über diesen Abt in der Vision seines Verwandten Wetti gefällt wurde, die Verehrung dieses hochverdienten Abtes und Förderers der Reichenau verhindert habe, während nach späteren Quellen Heito, Erlebald und Walahfrid als Selige verehrt wurden[63]. Theodor Fehrenbach nimmt an, daß die unbedachte Schuld Waldos (V. 396) darin bestand, daß er infolge häufiger Abwesenheit durch seine zahlreichen geistlichen und politischen Ämter seine Abtspflichten auf der Reichenau vernachlässigt habe[64]. Bekanntlich war Heito hierin anders; in einem Brief beteuert er, er hänge nicht an den Aufgaben, die ihm der Kaiser zuweise, und hoffe, gelegentlich davon loszukommen, um sich ungestörter der Sache Gottes widmen zu können[65]. Die geistige Ausrichtung des Klosters hatte sich seit Heitos Amtsantritt ohnehin geändert, und der unten folgende zweite Traum von einer Buße Waldos beweist zur Genüge, daß man die Tätigkeit jenes Abtes mit kritischen Augen sah. Doch zeigen beide Traumberichte, daß nicht so sehr Waldos Läuterung Gegenstand des Interesses war, sondern das Thema der Fürbitte.

Die Erklärung des Engels, der Bischof Adalhelm (wieder erfahren wir seinen Namen nur durch Walahfrids Akrostichon) habe trotz Mahnung durch die Vision eines Klerikers versäumt, der Aufforderung zum Fürbittgebet für den verstorbenen Abt nachzukommen, berührt ein zentrales Anliegen Heitos und der Reichenauer und hängt eng zusammen mit der damaligen Entstehung des Reichenauer Verbrüderungsbuches. Der genannte Bischof[66] befindet sich auf der anderen Seite des Berges, nach Heitos Bericht unter den Verdammten *(suae damnationis poenas luit;* somit ist dieser Berg nicht nur Ort der Läuterung: ein weiterer Beweis, daß Wettis Vision keine scharfe topographische Trennung zwischen Hölle und Läuterungsort kennt). Bei Walahfrid scheint in Vers 408 der Zusatz »schon jetzt« (d. h. nicht erst nach dem Jüngsten Gericht – falls nicht ein vorzeitiger Tod Adalhelms damit gemeint ist), ebenso in Vers 434 *sine munere*[67] darauf hinzuweisen, daß der Bischof auf ewig verdammt ist, einerseits für seinen Hohn auf die ihm mitgeteilte Vision, vor allem aber, weil er eine wichtige Pflicht der Nächstenliebe versäumte. Die

Wichtigkeit dieses Anliegens der Gebetshilfe hat denn auch Heito dazu bewogen, den dem Bischof mitgeteilten Traum des Klerikers Adam trotz seiner erheblichen inhaltlichen Abweichungen von Wettis Bericht aufzunehmen[68]. Er zeigt deutliche Reminiszenzen an eine Stelle aus Gregors Dialogen, wo von Wohnstätten die Rede ist, zu denen die Nebelschwaden des aus einem Fluß aufsteigenden Gestanks gelangen (IV, 37,8; 38,4). Jenseitsberichte stießen, das geht daraus hervor, auf großes Interesse und waren Gegenstand mancher Gespräche. Andererseits erkennt man deutlich einen anderen Visionstyp, besonders, wenn man Heitos durch Walahfrid auch hier wieder leicht retuschierte Fassung zugrunde legt: von *foetor,* Gestank, ist in der Vision Wettis nie die Rede; und die merkwürdige Forderung, Adalhelm solle die Mittel sammeln, um damit die offenen Wände des von dem büßenden Abt bewohnten Hauses gegen den widerlichen Geruch zu schließen, hat Walahfrid denn auch unerwähnt gelassen, weil sie ihm unverständlich oder in ihrer derben Handgreiflichkeit sinnlos erschienen sein muß. Walahfrid reinigt Heitos Bericht, wie wir schon wiederholt beobachtet haben, von den Schlacken realistischer Einzelheiten, die er angesichts der Bedeutung dieser Träume als zu banal empfindet. Dagegen nennt er uns akrostichisch die Namen der beiden Grafen, die durch ihr Baden das Wasser verseuchen; ihre Identität ist – so neuere Forschungen – nicht gesichert. Als eigenmächtige Herren der Region werden sie mit den Rechts- und Besitzansprüchen des Klosters in Konflikt geraten sein[69].

Nun verträgt sich aber die Strafe auf dem Berg mit der im offenen Haus und dem Gestank aus dem warmen Bad keineswegs, und es fällt auf, daß Heito ohne jegliche Tendenz zur Harmonisierung die beiden Träume nebeneinanderstellt. Dies war für das damalige Verständnis von Visionen kein Widerspruch. Man wußte, daß die mit irdischen Augen geschauten Bilder die jenseitige Welt nur gleichnishaft wiedergeben konnten, und sah vom Literalsinn ab; wichtig war, daß die verschiedenen Bilder eine gleiche Deutung zuließen[70]. Von hier aus läßt sich auch leichter erklären, daß mit der oben erwähnten »ähnlichen« Vision von der Strafe des habgierigen Mönchs nicht ein identischer, sondern ein bildlich vielleicht verwandter, in der paränetischen Aussage aber vergleichbarer Bericht gemeint gewesen sein muß. Das Problem der Vereinbarkeit stellte sich öfters angesichts der anderen divergierenden Jenseitsvisionen; verglich man die von Gregor und Beda überlieferten Visionen mit der Visio Baronti oder der des Wetti, so ergaben sich dabei ja recht unterschiedliche Vorstellungen über die Realität der jenseitigen Welt; indes war man schon von der Lektüre und der Auslegung der Schrift her damit vertraut, verschiedene Bilder für dieselbe Aussage vorzufinden. Man darf daher die Versicherung Heitos, Wetti habe die beiden früheren Visionen nicht gekannt[71], nicht für unglaubwürdig halten. Es mag durchaus zutreffen, daß dem früheren Abt manches Geständnis bekannt war, ohne daß die Klostergemeinschaft davon wußte, daß umgekehrt manches bei den Mönchen Gesprächsthema war, was in einer Vision nachwirken konnte, im ersten Fall also die strafwürdige Habgier eines Mönchs, im zweiten der Gedanke, daß jeder, auch ein hochgeschätzter Abt wie Waldo, auf das Fürbittgebet angewiesen war, andererseits die ausgesprochene Skepsis eines Adalhelm gegen Anschauungen, die Heito, seinem Schüler Wetti und wohl dem größten Teil der Klostergemeinschaft viel bedeuteten. Wenn zwar nicht der Bildinhalt, aber die Thematik der Träume gleich war, so bestand für den durchweg sachlich und nüchtern schreibenden Heito Grund genug, die ungewöhnliche Parallelität zu betonen; seine Bemerkung soll nicht als Wahrheitsbeweis für die Vision, sondern als Hinweis auf die Wichtigkeit des Anliegens dienen. Konnte es eine deutlichere Aufforderung zur Gebetshilfe geben, als wenn ein hochangesehener Abt selbst wiederholt darum bat? Diese Hilfeleistung durfte man erst recht nicht unterlassen, wenn sich ein Bischof durch Verweigerung dieser Hilfe sogar die Strafe der Verdammung zugezogen hatte. Auffallend ist dabei die Einschränkung, die Walahfrid bei der Empfehlung des Fürbittgebets hinzufügt: auf die Wirksamkeit der Fürbitte darf man sich nicht blindlings verlassen. Auch Gregor hatte in seinen Dialogen gemahnt: *Qualis hinc quisque egreditur, talis in iudicio praesentatur*, »wie ein jeder hier aus dem Leben scheidet, so wird er vor das Gericht gestellt« (IV, 41,3), oder: *Pensandum est, quod tutior via sit, ut bonum, quod quisque post mortem suam sperat agi per alios, agat dum vivit ipse pro se*, »man muß bedenken, daß der sicherere Weg der ist, das Gute, das ein jeder nach dem Tod von der Hilfe anderer erhofft, zu Lebzeiten selbst zu tun« (IV, 60,1). Es ist keine eigene Kritik an der eifrig geförderten Gebetsverbrüderung, sondern sicher eine Mahnung, die mit der Empfehlung verbunden zu sein pflegte.

Wenn von dem nach Heitos Bericht der Verdammnis preisgegebenen Bischof Adalhelm gesagt wird, er büße auf der anderen Seite des Berges, auf dessen Höhe Waldo angetroffen wurde, so ist auch damit wieder – im Unterschied zu den anderen Visionen – die Grenzziehung zwischen Hölle und Läuterungsort unscharf. Dafür läßt sich ein anderes Einteilungsprinzip, das wohl Heito zuzuschreiben ist, erkennen: waren bisher alle genannten Personen aus dem geistlichen Stand, so beginnt jetzt (V. 446 ff.) mit Kaiser Karl der Abschnitt für die weltlichen Regenten. Die beiden wichtigsten Gestalten, Abt Waldo und Kaiser Karl, nehmen die Mitte der Darstellung ein, zu der eine aufsteigende Linie hinführt: von den Weltgeistlichen über die Mönche zu dem Abt, während auf den Kaiser sozusagen in absteigender Linie die Grafen folgen.

Eine besondere Eigenart der Wettinischen Vision ist ihr Urteil über Karl den Großen (V. 446–474). Es ist beherrscht von Gegensätzen, einerseits der Schilderung seiner erhabenen Erscheinung, zu deren Preis Walahfrid Vergilverse anklingen läßt, andererseits der Strafe nach dem Talionsprinzip, daß nämlich ein Tier seine Geschlechtsteile zerbeißt[72]. Dementsprechend folgt erst die lange Würdigung durch Wetti (V. 452–457), darauf die erstaunte Frage und die Erklärung des Engels zur Schuld, daß nämlich ein einziges mit Absicht beibehaltenes Laster, im Falle Karls der Umgang mit Nebenfrauen und Konkubinen[73], eine Menge guter Taten verschütten könne. Der Kaiser dient als Exemplum für die Gefahr eines solchen Lasters, und Walahfrid führt den Gedanken in dieser Richtung fort, als ob es sich um irgendwen und nicht um einen Großen der Geschichte handelte, als sei jedes politische Anliegen, das sich mit Karls Erwähnung verbinden könnte, verlorengegangen und als habe man für ein moralisches Prinzip lediglich ein plakatives Beispiel gesucht nach dem Grundsatz, wie ihn später Dante formuliert, daß nur berühmte Namen als Beispiele Erfolg haben[74]. So empfindet der Leser zum erstenmal in der Visionsliteratur an dieser Stelle den eigenartigen Zwiespalt, der ihm in Dantes Werk öfters begegnet, die Spannung zwischen der anerkannten historischen Größe und ihrer Einordnung als Exemplum für eine bestimmte Sünderklasse. Wie es zu dem Urteil der Visio Wettini über Karl gekommen ist, darüber lassen sich nur Vermutungen anstellen; es entsprach sicher, ähnlich wie die Kritik an Kaiser Ludwig (V. 762ff.), der Meinung der Reichenauer. Vielleicht hatte sich der welterfahrene und zugleich strenge Heito in diesem Sinne geäußert, nicht ohne Seitenblick auf das fromme Leben zweier Menschen aus Karls nächster Umgebung, die beide eng mit dem Inselkloster verbunden waren, Hildegards, der Gemahlin Karls, und ihres Bruders Gerold. Was gelegentlich an Karl gerügt worden war, verdichtete sich in der Vision zu einem Bild; *cogitatione simul et revelatione,* um Gregor zu zitieren[75], kam diese Vision zustande. Und sie ist bezeichnend für das mittelalterliche Geschichtsverständnis: Die Geschichte der irdischen Welt hat vor dem absoluten Urteil der jenseitigen Ordnung keinen Eigenwert. Das wird gerade an der Gegenüberstellung von Karls irdischer Größe und seiner Strafe deutlich. Die irdische Geschichte ist ein Feld, wo sich der einzelne für seine Person nach Gottes Geboten bewähren muß, sei er Kaiser oder der geringste Diener; allein diese Bewährung entscheidet über seine Verdammung oder Rechtfertigung.

»Willst du vollkommen sein, so geh hin, verkaufe, was du hast, und gib es den Armen – und du wirst einen Schatz im Himmel haben« (Matthäus 19,21): als eindrucksvolles Gegenbild zu dieser Evangelienstelle erscheint die folgende Schilderung der Schätze, die die Grafen unrechtmäßig in ihren Besitz gebracht haben und dereinst wieder in der Hölle abholen müssen. Sind die Schätze im Himmel – Schätze, die einst an die Armen verschenkt worden sind – ein Unterpfand der ewigen Seligkeit, so sind diese Geschenke und die Besitztümer, die die Grafen den Armen und Untergebenen unter Mißbrauch ihrer Stellung abnehmen, nun ihr Schatz in der Hölle und der Grund ihrer Verdammung. Wiederum also wendet sich Wettis Vision einem weltlichen Bereich zu, auch dieses Mal nicht unter einem spezifisch politischen Aspekt, sondern einem religiös-moralischen. Nach dem Kaiser sind die aus der Sicht des Volkes wichtigsten Helfer des Herrschers das Thema. Da die Grafen in ihrem Gau Oberste des Heerbanns, Vorsteher der Verwaltung und Leiter der Gerichte waren, war die Versuchung zum Machtmißbrauch groß, sobald von oben nicht strenge Kontrolle ausgeübt wurde. Hier in der Visio Wettini werden die Grafen in ihrer Funktion als Richter beurteilt. Die Klage gegen sie ist alt und wird nicht erst seit dem Nachlassen der zentralen Gewalt unter Ludwig dem Frommen in dieser Form vorgebracht. So hatte Theodulf von Orléans, der zum engeren Kreis um Karl den Großen gehörte, nach einer Reise als kaiserlicher Sendbote *(missus dominicus)* durch die Provinz Gallia Narbonensis sehr anschauliche Erfahrungen mit den Richtern gesammelt, daraufhin um das Jahr 800 seine *Versus contra iudices* geschrieben und auf Mißstände und die Pflichten dieses Amtes hingewiesen. Auch in Alkuins Werk über die Tugenden und Laster ist ein Kapitel den Richtern gewidmet[76]. Der Komplex der Vorwürfe, die der Engel gegen die gräflichen Richter erhebt, war zur Zeit der Entstehung der Visio Wettini also schon Topos geworden, freilich ohne seine Aktualität verloren zu haben. Zum festen Bestand der Kritik gehören auch bei Wetti die Vorwürfe der Bestechlichkeit der Richter durch Geschenke, die Käuflichkeit der Rechtsprechung, das Verhängen strenger Strafen mit dem Ziel eigener Bereicherung, der Vergleich mit dem die Schafe reißenden Wolf, die Verurteilung Unschuldiger und der Freispruch Schuldiger, schließlich daß solche Richter die zu erwartende Belohnung oder Strafe im Jenseits bei ihrem Tun überhaupt nicht in Betracht ziehen. Angesichts dieses abgerundeten Gedankengangs hat Walahfrid, wie er selbst bemerkt, nicht viel hinzuzufügen. In den wenigen zusätzlichen Zeilen (V. 509–519), wiederum einem dichten Gefüge von Zitaten aus dem Neuen Testament, stellt er die durch Unrecht reich gewordenen Richter als die reichen Prasser dar, die nach dem Genuß der irdischen Freuden das Feuer der Hölle erwartet; das von Wetti geschaute Bild gräflicher Prachtentfaltung mit kostbaren Gewändern, Gefäßen und edlen Pferden, all den Dingen also, die das Volk beim Reichen bestaunt, fordern diesen Gedanken geradezu heraus. Neben Stellen aus Matthäus und dem Jakobusbrief konnte Walahfrid natürlich besonders Aussagen des Lukasevangeliums hierzu heranziehen; doch scheint auch noch einmal eine Reminiszenz aus dem schon zweimal ausführlich benutzten Traktat über die Zerstörung Jerusalems vorzuliegen, wo von der Trauer auf Erden und den Freuden im Himmel und umgekehrt gesprochen wird[77]; die Übereinstimmung der beiden Gedankenkomplexe, die mehrere Schriftstellen gemeinsam haben, ist ersichtlich; der Gedankengang in der Visio erweist sich dabei angesichts seines reicheren Gehaltes und seiner größeren Dichte als der spätere. Die zeitliche Priorität des Traktats wird allein schon dadurch erkennbar, daß ihn Walahfrid in seinem Gedicht nicht weniger als dreimal ausführlich herangezogen hat. Ob in der kleinen predigtartigen Abhandlung wirklich ein Werk des jungen Walahfrid vorliegt, kann von der schmalen Basis unseres Vergleichs aus nicht entschieden werden, doch spricht auch nichts dagegen.

Der Gedanke vom künftigen Glück der jetzt Trauernden und den künftigen Klagen der nun Lachenden ist ein thematisch gut gewählter Übergang zum folgenden Bild der gewaltigen Menschenmenge, die sich in Selige und Verdammte teilt.

Deutlich wird danach ein Einschnitt gemacht; auch die Bemerkung, daß vieles übergangen werde, schafft Distanz, bevor das Bild der himmlischen Stadt vor Augen tritt (V. 525 ff.), das dem des himmlischen Jerusalem der Apokalypse (21,10) nahesteht. Was Heito mit *loca* andeutet, wird von Walahfrid treffender durch *moenia* im Sprachgebrauch des Epos beschrieben; das bezeichnet hier nicht Stadtmauern, sondern einen gewaltigen Baukomplex, die gesamten Bauten einer Stadt, in derselben Wortbedeutung, mit der Vergil die *moenia lata triplici circumdata muro* des Tartarus beschreibt oder von den *altae moenia Romae* spricht; erinnern wir uns, daß Walahfrid auch den Klosterbau Pirmins *moenia* genannt hat (V. 27)[78]. Es kann also, wie auch Heitos Text zeigt, nicht dasselbe gemeint sein wie der *murus magnus et altus* in der Apokalypse (21,12 und 17 ff.) oder wie die Mauer ohne Öffnung in der Vision des Dryhthelm, hinter der eine weite Ebene liegt; dieser gewaltige Bau hier zeigt Bogen und Reliefkunst, was bei einer bloßen Stadtmauer schwer vorstellbar wäre, und die *culmina* (V. 535) sind dementsprechend nicht die

Zinnen[79], sondern Firste und Giebel einer Stadt oder eines Palastes. Ein Gesamteindruck wird uns freilich ebensowenig greifbar wie in Heitos Fassung; beabsichtigt ist nicht eine realistische Darstellung, sondern die aus allen Einzelheiten hervorgehende Aussage, daß dieses Werk jede menschliche Baukunst und unser Vorstellungsvermögen übersteigt. Auch die Satzkonstruktion dieser Verse, die man meines Wissens bislang nicht richtig verstanden hat, will dies unterstreichen. Es handelt sich in den 15 Versen 525–539 in Anlehnung an die entsprechende Stelle von Heitos Prosabericht um einen einzigen Satz, der die rhetorischen und poetischen Ausdrucksmittel zur Darstellung der überquellenden Fülle ausschöpft. Die Periode besteht aus weit mehr als vier Kola; eine lange Parenthese, als poetische Periodenerweiterung eingeschoben, schildert die Schönheit des Baus; der nachfolgende Teil, der in typischer Weise mit einer gliedernden Anapher (*moenia*, V. 533) einsetzt, betont die Größe und endet mit dem sogenannten Unsagbarkeitstopos, wobei die Dreizahl nochmals überboten wird, dasselbe also viermal (V. 536–539) ausgedrückt erscheint. Wahrscheinlich hat auch die Zahl der verwendeten Verse ihre Bedeutung: die Fünfzehn kann im anagogischen Sinn auf das ewige Leben bezogen werden[80].

Hierauf können wir nun den gravierendsten Eingriff Walahfrids in den ihm vorliegenden Visionsbericht beobachten. Wie selbstverständlich berichtete Heitos Text von der Schau Gottes: »Da trat der König der Könige und Herr der Herrscher hervor mit der gewaltigen Zahl seiner Heiligen, in solcher Herrlichkeit und Majestät erstrahlend, daß ein Mensch mit leiblichen Augen den Glanz solchen Lichtes und die Erhabenheit der Glorie der Heiligen, die dort offenbar wurde, nicht ertragen konnte.« Hiergegen hatte Walahfrid offensichtlich Bedenken; alle theologischen Überlegungen sprachen dagegen, daß der seiner Sündenlast noch keineswegs entledigte Wetti Gott selbst geschaut haben konnte. Dies war nur einem Heiligen nach seinem Tod möglich[81]. Auch Dryhthelm war der Blick ins höchste Licht verwehrt, ebenso Barontus der Eingang durch die vierte Paradiesespforte. Andererseits aber wollte Walahfrid einen wichtigen Passus nicht ganz übergehen. So fügte er an der Stelle, wo Christus den heiligen Jungfrauen entgegentritt, die Beschreibung der Herrlichkeit Gottes ein mit der Bemerkung, daß sie leiblichen Augen nicht zugänglich sei; nur die Heiligen erblicken Gott unmittelbar, während Wetti, der mit dem Engel fern auf der Seite steht, somit nur indirekt die Erscheinung Gottes wahrnimmt (V. 615–619). Sieht man diese Änderung zusammen mit der weiter unten auftauchenden Zweifelsfrage, wie Wetti die Heiligen erkennen konnte (V. 566), und der erwähnten Auslassung im Traum des Adam, so erweist sich, daß Walahfrid Heitos Visionsbericht durchaus kritisch im Sinn der theologischen Lehre zu lesen wußte und daß sich seine Reflexion keineswegs auf gleichgerichtete Zusätze beschränkte. Gültigkeit und Anspruch auf Verkündung hat die Vision überall dort, wo ihre Aussage der Lehre der Evangelien, der Kirchenväter und Ordensgründer entspricht[82]. So sind auch die Zusätze Walahfrids nicht als Zugeständnisse an irgendwelche Mitbrüder oder Auftraggeber zu verstehen[83], sondern aus seinem Bedürfnis, die Lehren und Regeln, zu denen er sich bekennt, in eindrucksvoller Weise verkündet zu sehen.

An die Schau der himmlischen Stadt schließt sich die Voraussage von Wettis Tod an, wie ihn, freilich unter anderen Vorzeichen, die Erscheinung des bösen Dämons schon angekündigt hatte. Daß diese Voraussage dann auch eintraf, wurde sicherlich als Beweis für die Gültigkeit der Vision betrachtet. Auch Gregor hatte aufgrund ähnlicher Vorkommnisse auf den Wahrheitsgehalt von Träumen geschlossen [84].

Leitender Gedanke wird daraufhin wiederum das Thema der Fürbitte, diesmal auf höherer Ebene: auf Vorschlag des Engels sollen die Heiligen als Fürsprecher bei Gott gewonnen werden. Dieses Anliegen bestimmt die letzten bildhaften Szenen der Vision, eine Klimax mit klarem dreigliedrigem Aufbau, den inhaltlich geschlossensten Teil des Werkes (V. 540–632). *Parili volatu* eilen Wetti und der Engel weiter, »in gleichem Fluge«: das ist nicht rhetorisch verblaßte Metapher, sondern soll jenes schwerelose Schweben andeuten, das für Dantes Paradiso charakteristisch sein wird. Es sind drei Gruppen von Heiligen, zu denen sich die Wanderer begeben, und bei jeder ist der szenische Ablauf derselbe: Wetti und der Engel werfen sich nieder, um die Fürsprache der Heiligen bei Gott zu erflehen; die Heiligen verlassen ihre Throne, treten vor Gott selbst hin, tragen ihre Bitte vor, erhalten Antwort und kehren zu den beiden zurück, die währenddessen weit entfernt stehenbleiben, ähnlich wie der bußfertige Zöllner im Tempel. Es fällt auf, wie der Engel in diesen Szenen seinem Rang nach dem Menschen näherzustehen scheint als den Himmlischen. Die erste Antwort Gottes besteht in dem Vorwurf der Trägheit, die zweite klagt Wetti an, er habe Falsches gelehrt, eröffnet indes die Möglichkeit einer Wiedergutmachung. Genaueres erfahren wir über die Sünden nicht, die der von seinem Gewissen gepeinigte Wetti vorgehalten bekommt, und wenn Walahfrid in seinem Zusatz (V. 598–602) den Verführer in Beispiel und Lehre scharf verurteilt, so scheint er dabei gar nicht mehr an die Person seines verehrten Lehrers zu denken, sondern in allegorischer Auslegung an den Menschen an sich, der durch solche Sünde schuldig geworden ist. Erst die dritte, von den Jungfrauen vorgetragene Bitte findet, wenn auch nur bedingt, Erhörung aufgrund der Ehre und der Verdienste der Fürsprecherinnen. Diese letzte Bitte hatte einen etwas anderen Inhalt: um »langes Leben« sollte Wetti auf Geheiß des Engels bitten. Was damit gemeint war, bleibt eigenartig offen und ruft später in Wetti noch einmal Zweifel hervor (V. 849 ff.).

Bei der Reihenfolge der Szenen fällt die Änderung im Rang der Heiligenscharen auf; während etwa in der Visio Baronti und in der kirchlichen Liturgie die Märtyrer vor allen anderen, die Bekenner und Priester vor den Jungfrauen rangieren, wird hier den Jungfrauen die höchste Ehre zuerkannt. Die Begegnung mit ihnen schließt mit einem von Walahfrid eingefügten Preis der Gottesmutter. Bei den Priestern werden vier Heilige genannt, die Wetti erkennt: St. Hilarius von Poitiers, St. Dionysius von Paris (dessen Erwähnung man freilich bei den Märtyrern erwartet), St. Martin von Tours und der heute in der Kirche in Vergessenheit geratene St. Anianus von Orléans [85]. An diese Namen schließt Walahfrid die Frage an, wie es Wetti möglich war, die Heiligen, die er doch nie in ihrer leiblichen Gestalt gesehen hatte, zu erkennen. Zu diesem Problem hatte auch Gregor sich geäußert; nur Auserwählte waren zu solchem Erkennen der Himmelsbewohner imstande [86]. Walahfrid beharrt nicht auf dem Zweifel, läßt aber die Erklärung offen:

entweder war besondere Gnade am Werk, oder die Kenntnis der Namen geht wie das Verständnis der anderen Erscheinungen auf die Erklärungen des Engels zurück. Bei den Märtyrern sind es St. Valentin und St. Sebastian, die Wetti erkennt, beides römische Märtyrer, während die vorher genannten Namen zur Gruppe der im westlichen Frankenreich hochverehrten Heiligen gehören, häufig in Theodulfs und Alkuins Gedichten genannt werden und auf die Beziehungen der Reichenau zu jenem Kulturgebiet hinweisen.

Es waren mehrere Gründe, die Walahfrid veranlaßten, an die dritte Szene das Lob der Gottesmutter (V. 625–632) anzuschließen. Zunächst war im Unterschied zu den vorigen Szenen in der Vorlage hier kein repräsentativer Name genannt; gehörte aber nicht zu den heiligen Jungfrauen die Gottesmutter selbst, und traf nicht alles zur Ehre dieser Schar Gesagte in besonderem Maße auf sie zu, ja war sie nicht der eigentliche Grund zu dieser Ehrenstellung der Jungfrauen? Mit ihrer Person verbindet sich das Lob der Jungfräulichkeit, die nur in völliger Hingabe an Gott ihr Wesen bewahrt und damit Vorbild klösterlichen Lebens ist. Und schließlich war Maria die Patronin des Klosters Reichenau, was in den letzten Versen des Visionsberichtes noch einmal unüberhörbar zur Sprache kommen wird (V. 818–826). Manche Interpreten haben angenommen, auf die Fürsprache der Gottesmutter hin sei Wetti die Gnadenfrist gewährt worden[87]; das mag sinngemäß richtig sein und entspricht sicher auch der Vorstellung Walahfrids. Ausdrücklich geäußert hat er es nicht, da er in allem so behutsam wie möglich mit seiner Vorlage verfahren wollte, er deutet aber mit dem Lobpreis auf die Macht Marias ihre Mitwirkung an; sie war auch für ihn die *regina misericordiae* und *advocata nostra*, als die sie später im Reichenauer Salve Regina angerufen wird.

Zählen wir die Verse des Abschnitts nach, der der Wanderung durch die himmlischen Regionen gewidmet ist, also der Beschreibung der himmlischen Stadt und den Szenen mit den Scharen der Heiligen (V. 525–624), so ergibt sich genau die Hundert: Sie ist die Zahl des Himmels und des ewigen Heils[88]. Und nimmt man zu den 215 Versen, die den Gang durch die Orte der Verdammten und der sich läuternden Seelen schildern (V. 310–534), diese 100 Verse hinzu, so stößt man wiederum auf eine klare Disposition: die Darstellung der Wanderung durch die Jenseitsreiche bildet mit zusammen 315 Versen genau ein Drittel der Gesamtlänge des Werkes und nimmt als Kernstück annähernd dessen Mitte ein[89]. Rahmenartig umgeben diesen zentralen Teil einerseits der Bericht von der ersten Vision und den Stunden bis zum Wiedererscheinen des Engels, andererseits die große Mahnrede des Engels; beide Partien umfassen zusammen ebenfalls 315 Verse. Daß 2 × 135 Verse, also Teile, die jeweils ein Siebtel des Werkes ausmachen, den äußeren Rahmen zum Visionsbericht bilden, haben wir schon erwähnt. Diese beiden Abschnitte gehören zusammen mit dem Proömium, dem Abriß der Frühgeschichte der Reichenau und dem Preis Mariens (den man als Pendant zur Anrufung Christi im Proömium betrachten kann) zum restlichen Drittel, das vor allem dem biographischen und historischen Kontext der Vision gewidmet ist. So erweist sich im Überblick das Gedicht als ein durch die Kompositionszahlen Drei und Sieben bestimmtes Gefüge[90] (vgl. die beigefügte Übersicht).

Durch das Lob der *virginitas* hat Walahfrid den Kontrast zu dem nun folgenden Teil, der heftigen Anklage des Engels gegen die Sodomie (V. 633–671), verschärft; bei der Gestaltung dieses Abschnitts war ihm, wie aus mehreren Anspielungen ersichtlich ist, jene Stelle aus der Psychomachia des Prudentius (V. 40 ff.) gegenwärtig, an der die *Virgo Pudicitia* gegen die *Sodomita Libido* zum Kampf antritt. Sodomie wird in dieser Rede des Engels im weitesten Sinn verstanden; es wird nicht nur Homosexualität verurteilt, die bisweilen ein Problem der Klöster war, weshalb sich damit auch mancherlei Anordnungen der Mönchsregeln befaßten, sondern jede Befriedigung der Lust außerhalb der Ehe. Walahfrid ist in seiner Ausgestaltung dieser Anklage nicht gerade zimperlich, er spricht von *Satanae hostile lupanar*, dem »feindlichen Bordell des Satans« (V. 655)[91], und wo Heitos Text vor den Konkubinen warnt, werden diese von Walahfrid als Dirnen bezeichnet (V. 659)[92]. Nicht nur die für den ganzen Gedankenkomplex zentrale Stelle bei Paulus im ersten Korintherbrief (6, 12–20), sondern auch der als Vorbild herangezogene Abschnitt der Psychomachia betrachten Unkeuschheit und Unzucht jeder Art als den Verlust der Würde der menschlichen Natur schlechthin. »Jede andere Sünde, die ein Mensch begeht, bleibt außerhalb seines Leibes; wer aber Unzucht treibt, versündigt sich an seinem eigenen Leibe. Oder wißt ihr nicht, daß euer Leib ein Tempel des Heiligen Geistes ist, der in euch wohnt, den ihr von Gott empfangen habt, und daß ihr nicht euch selbst angehört?« schreibt der Apostel an der genannten Stelle. Walahfrid schließt dieses wichtige Thema der Visio Wettini ab, indem er noch einmal der irdischen Lust das ewige Feuer der Höllenstrafe entgegenstellt.

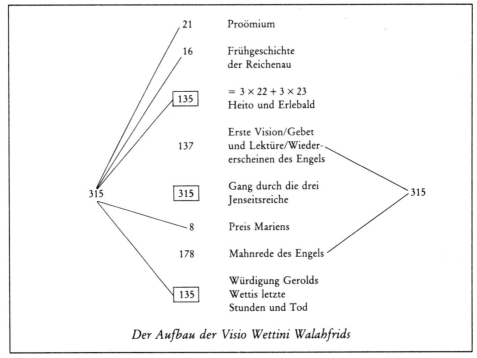

Der Aufbau der Visio Wettini Walahfrids

Wie nun der Engel Wetti den Auftrag zur Verkündung dieser Mahnung gibt (V. 656 ff.), will sich dieser der Aufgabe entziehen durch den Hinweis, wie gering und unbedeutend seine Person sei (V. 672–674). Diese Weigerung erscheint so stereotyp wie die aus den Heiligenviten bekannte Scheu vor der Übernahme eines hohen Amtes und hat letztlich alttestamentliche Vorbilder bei Moses, Gideon, Isaias und Jeremias[93]; mit dem Vorwurf der Trägheit weist der Engel solche Ausflüchte zurück.

In der Vision des Dryhthelm war der den Visionär führende Engel namenlos geblieben, ja nur als »Geleiter« erwähnt worden; umgekehrt wurde in der Visio Baronti sogleich der Erzengel Raphael als Führer und Beschützer genannt. Anders in der Visio Wettini: nachdem der Engel Wetti durch die Jenseitsreiche geführt und nun seine große Mahnrede begonnen hat, gibt er sich ihm jetzt erst zu erkennen[94] als seinen persönlichen, ihm zugedachten Schutzengel, der vor ihm einst den biblischen Helden Samson geleitet hat, bis jener der Verführung der Dalila erlag (V. 678–689). Die eigenartige Gestalt Samsons, die uns in unserem Zusammenhang zunächst fremd erscheint, war für die Reichenauer offensichtlich Gegenstand des Interesses; das bestätigt eine Äußerung von Walahfrids Freund Gottschalk. Er berichtet, mit Freude habe er bei der Augustinuslektüre im Reichenauer Refektorium erfahren, daß Samson zu den Erwählten gehöre[95]. Die Sünde aber, die Wetti hier von dem Engel vorgeworfen wird, ist das Leben nach dem eigenen Willen, eine Haltung, die von Benedikts Regel wiederholt getadelt wird; die Formulierung der Anklage in Heitos Bericht (*tuo arbitrio vivere,* cap. 20) entspricht der im fünften Kapitel der Regula *(suo arbitrio viventes vel desideriis et voluptatibus oboedientes).* Durch den Rückgriff auf dieses Zitat bleibt die Wetti vorgehaltene Sünde für uns ebenso im allgemeinen wie die früheren Vorwürfe. Mag Wetti seinem Abt und den anderen Anwesenden seine Sünden in konkreteren Einzelheiten gebeichtet haben, für Heito und Walahfrid hatte dieses Schuldbekenntnis in einem Visionsbericht nur dann einen Sinn, wenn es sich verallgemeinern ließ und den klassischen Begriffen für Schuld und Sünde entsprach.

Über die Rolle des Engels gibt Walahfrid über Heito hinaus eine Erläuterung, indem er das im zweiten Jahrhundert entstandene, zur apokryphen, aber vielgelesenen Literatur gehörende Buch vom Hirten des Hermas heranzieht und damit neben dem Verweis auf Gregors Dialoge eine weitere Quellenangabe zu möglichen Vorbildern aus der Visionsliteratur bringt. Walahfrid spielt auf die Stelle an, wo der als Engel der Buße auftretende Hirte dem Hermas erklärt, er sei ihm fortan als Begleiter für alle weiteren Tage seines Lebens mitgegeben[96]. Der Einfluß des genannten Werkes auf Wettis Vision reicht, wie David A. Traill beobachtet hat, viel weiter, als Walahfrid andeutet: überraschend wird bei Heito von *maeror* und *paenitudo,* bei Walahfrid von den Reuetränen und der inneren Umkehr Wettis gesprochen, während vorher von Schuldbekenntnis und Wiedergutmachung die Rede war; Reue und Buße aber sind das Thema der erwähnten frühchristlichen Schrift. Ferner gebietet der *nuntius poenitentiae* dem Hermas, Gebote und Gleichnisse aufzuschreiben; ganz ähnlich folgt in der Visio Wettini nun ein Abschnitt, der eine Reihe von Geboten enthält. Wir können hinzufügen: nicht nur das Thema der Reue und Buße, sondern auch die jenem Buch eigene Zuversicht bezüglich ihres Erfolgs hat sich auf diese Stelle der Vision ausgewirkt; denn der gottgesandte Engel erklärt, daß er sich Wetti aufgrund seiner Reue wieder liebevoll zugewandt habe; seiner Hilfe darf Wetti gewiß sein, und in der Verkündung der Lehren des Engels sieht Wetti die Möglichkeit einer Wiedergutmachung für seine Sünden und seine falschen Lehren (V. 841–848), wenn auch im Hintergrund bis in seine letzte Stunde hinein die bange Ungewißheit, ob er Gnade gefunden habe, weiterzubestehen scheint. Dieses Schwanken zwischen Hoffnung, ja bisweilen Gewißheit der Errettung und quälendem Zweifel an der Vergebung der Sünden, das die ganze Vision durchzieht, kann nur auf den ersten Blick befremden. Gewiß fragt man sich, ob sich Wetti bezüglich seines Lẻbens und Lehrens so gravierende Vorwürfe zu machen hatte, und kann auf die Stelle verweisen, wo Walahfrid seinem Lehrer tadellosen Lebenswandel bestätigt (V. 180–182). Wohl besaß Wetti ein überfeines Gewissen, aber seine Zweifel entsprachen dem Empfinden des mittelalterlichen Menschen, dessen Todesangst die Angst vor dem endgültigen Urteil über sein Leben war; selbst der Gerechte durfte ja seiner Sache nicht sicher sein[97].

Der größte Teil der sich anschließenden Ermahnungen des Engels ist dem klösterlichen Leben gewidmet. Noch einmal werden wir an Prudentius und den Kampf der Tugenden und Laster erinnert, wenn der Mönch aufgefordert wird, sich vom *carnalis homo*, dem »fleischlichen Menschen«, zu distanzieren und als Kämpfer Christi Gottes Ruf zu folgen; als *militia* im Dienst Christi verstand Benedikt das mönchische Leben, und die Weisungen, die Wetti erhält, erinnern in vielem an die Benediktregel und damit an die Anliegen der Klosterreform. Der Kampf geht gegen die Laster der Habgier, der Üppigkeit in Speise und Trank, gegen Kleiderluxus, Stolz und Heuchelei (V. 699–734). Walahfrid bemerkt, daß er dem nichts hinzuzufügen habe, doch betont er noch einmal, wie sehr das Leben des Mönchs eine ganz andere Form der Existenz ist: Der Mönch hat nach einem Pauluswort für sich die Welt gekreuzigt und sich der Welt (Gal. 6,14). Ein Abschnitt ist den Frauenklöstern wegen eines besonderen Mißstands gewidmet: Adlige Frauen, die in der Welt gelebt hatten und verwitwet waren, hatten die Leitung von Klöstern erhalten, ohne auf ihr weltliches und, wie Walahfrids deutlicher Zusatz verrät (V. 756–761), teilweise ausschweifendes Leben zu verzichten. Kaiser Ludwig selbst hatte auf diese Weise eigene Schwestern untergebracht und sie gleich nach seiner Ankunft in Aachen in die ihnen vom Vater zugewiesenen Klöster geschickt, ohne ihnen etwas von ihrem Vermögen zu entziehen. Mit ungewöhnlichem Freimut wendet sich der junge Dichter hier an den Kaiser selbst; er habe diesen Mißstand verursacht, er solle das Übel wieder beseitigen. Was bei Männerklöstern nicht gestattet sei, dürfe erst recht nicht in Frauenklöstern zugelassen werden, fügt Walahfrid zu den Argumenten hinzu, die sich in Heitos Bericht finden, zur Klage über das schlechte Beispiel solcher Frauen und die Veruntreuung von Gaben, die Gläubige zur Förderung der Klöster gespendet haben[98]. Von der Heftigkeit der Vorwürfe, die Walahfrid eigenständig einfügt, kann man auf die Empörung schließen, die solcher Mißbrauch der Institution der Klöster in der Epoche der Reformen verursacht hat. Ganz im Sinn Benedikts von Aniane wird dann zum Abschluß der Gebote zum klösterlichen

Leben die strenge Askese des Mönchtums orientalischer Prägung als Vorbild gepriesen (V. 769–778).

Man vermißt am Schluß der Rede des Engels eine gewisse Ordnung in der Themenfolge, aber es sind offensichtlich besonders dringliche Fragen und Anliegen, die durch diese auffallende Stellung am Ende dem Leser unübersehbar nahegebracht werden sollen (vielleicht hat Heito sie bei seiner Redaktion an diese Stelle gerückt): die erneute Warnung vor der Sodomie, die apokalyptische Verkündung des nahen Weltendes, die Aufforderung zu unermüdlicher und gewissenhafter Pflege des Gottesdienstes und schließlich die feierliche Verkündung, daß die Reichenau in der Person ihres Gönners, des Präfekten Gerold, einen unter die Heiligen des Himmels aufgenommenen Glaubenskämpfer und Märtyrer in ihren Mauern verehren könne.

Die Ankündigung des nahen Weltendes (V. 785–793) ist die Antwort auf die Frage nach dem Sinn der großen Seuche des Jahres 823[99]; man verstand sie als Strafe für die Sünden, vor allem aber als eines der in der Apokalypse genannten Vorzeichen. Für Heito, der sich in jenem Katastrophenjahr endgültig aus der Welt zurückzog, war diese Mitteilung Wettis eine wichtige Bestätigung. Walahfrids Zusatz (V. 791–793) mit der Aufforderung, für das Kommen des Herrn bereit zu sein, mag etwas rhetorisch und formelhaft klingen, entspringt aber dem Empfinden des mittelalterlichen Menschen, der jederzeit mit einem freien Eingreifen der Macht Gottes in den Lauf der Welt rechnete.

Nihil operi Dei praeponatur: »nichts soll dem Gottesdienst vorgezogen werden« war einer der Grundsätze der Regel des heiligen Benedikt (cap. 43,3), dem die Reformer verstärkt Beachtung schenkten. Walahfrid begründet das Gebot zusätzlich durch einen auf Augustinus (Conf. XIII,1) zurückgehenden Gedanken, daß der Mensch zu seinem eigenen Wohl Gott verehren solle, nicht weil Gott dessen bedürfe: *nos, ut agamus, egemus,* heißt es in einem Wortspiel (V. 801).

In besonderem Maß aber nimmt sich Walahfrid in 16 hinzugefügten Versen (V. 811–826) der Verkündung des Lobes des Präfekten Gerold an; hier verbindet sich der Dank an den Schützer und Förderer (Gallus Öhem zählt nicht weniger als 25 Dörfer und Weiler, die Gerold dem Kloster geschenkt hat) mit dem Stolz der Reichenau, nun einen eigenen Patron im Himmel zu haben. Die uns überlieferte Inschrift, die einst auf Gerolds Grab stand, lautete:

> *Mole sub hac magni servantur membra Geroldi,*
> *Huius iura loci cunctis qui viribus auxit.*
> *Pannoniis vera ecclesiae pro pace peremptus*
> *Oppetiit saevo Septembribus ense Kalendis*
> *Sideribusque animam dedit. Artus Saxo fidelis*
> *Abstulit, huc retulit dignoque hic clausit honore.*

> Unter dem Stein hier ruht der Leib des mächtigen Gerold,
> Der dieses Ortes Rechte mit allen Kräften gefördert.
> Im Pannonierland für den wahren Frieden der Kirche

Fiel er unter dem grimmigen Schwert zu Beginn des September,
Sandte die Seele zum Himmel; den Leib rettet' Saxo, der treue,
Bracht' ihn hierher und setzte ihn bei mit gebührender Ehre.

Auch heute noch erinnert eine Bodenplatte in der Ostvierung des Reichenauer
Münsters an das Grab dieses Mannes. Gerold, dem Karl nach dem Sturz Tassilos III.
Bayern, ferner das Land nördlich der Drau unterstellt hatte, kam unter nicht geklärten
Umständen bei einem Feldzug gegen die Avaren am 1. September 799 ums Leben[100]. In der
Erinnerung des alemannischen Volkes blieb dieser Sohn eines Franken und einer Aleman-
nin aus höchstem Adel noch lange lebendig und wurde sogar zu einer Gestalt der
Heldensage. Walahfrid preist seine *bonitas,* das vollendete Gut-Sein eines führenden
Mannes und Herrschers, das sich als Güte dem Untergebenen zuwendet[101]. Auch seiner
Schwester Hildegard, der Gemahlin Karls des Großen, wird diese Eigenschaft zuerkannt.
Um die *bonitas* reihen sich die im weiteren genannten Tugenden Gerolds: der vorbildliche
Lebenswandel, Redlichkeit, Ehrenhaftigkeit und Fähigkeit zur großen Tat. Den für einen
Edlen dieser Welt schwerwiegenden Mangel, das Fehlen eines Erben, weiß Gerold als
Wink Gottes zu noch vollkommenerem Dienst zu deuten. So hat er einerseits teil an der
frommen Hingabe der Mönche, die sich unter Verzicht auf irdischen Besitz Maria, der
Patronin des Klosters, weihen, andererseits überstrahlt er Karl, seinen Schwager, mit dem
er Herrschertugenden und den Kampf für den Glauben gemeinsam hat, durch seine
sittliche Vollkommenheit und die Hingabe des Lebens. In gewisser Weise verbindet er das
Ideal des christlichen Kriegers mit dem mönchischen Ideal, ein Vorbild wahrer *militia
Christi.*
Mit dem Bericht über Gerold, den wohl Heito als wichtigen Markstein an diese Stelle
gesetzt hat, endet die Vision; der Hahnenschrei weckt den Schlafenden.
Einige Bemerkungen seien noch zur Rahmenerzählung angeschlossen. Nachdem die
bei Wetti wachenden Mönche den Inhalt des Traumes schriftlich festgehalten haben,
soweit Wetti es ihnen in aller Eile diktieren konnte, erscheint in der Morgenfrühe der Abt
mit anderen Brüdern; Wetti bittet aber um ein vertrauliches Gespräch, so daß Erlebald die
meisten wieder fortschickt und nur wenige am Lager des Kranken bleiben: »Als die
übrigen also hinausgegangen waren, blieb der Abt, nachdem er noch Brüder bei sich
behalten hatte, daselbst als fünfter«, berichtet Heito. Waren es nun mit dem Kranken
zusammen fünf oder sechs Personen? Während man zumeist annahm, neben Heito,
Erlebald, Theganmar und Tatto sei noch Adalgis dabeigewesen, wies David A. Traill nach,
daß mit dem in Vers 866 genannten *iacens* der kranke Wetti selbst gemeint sein muß, also
nur vier Brüder zurückblieben; mit *his quinis* (V. 883) übernimmt Walahfrid, den
Zusammenhang entstellend, die oben zitierte Fünfzahl aus Heitos Bericht. Wir können
hinzufügen, daß die in Walahfrids Versen 859–882 Genannten nach ihrem Rang aufgeführt
sind; so kann nach den beiden Äbten und vor Theganmar, der im Verbrüderungsbuch
unmittelbar nach Erlebald und Heito eingetragen ist, kein anderer, wie etwa Adalgis,
folgen, sondern nur, bedingt durch die Wichtigkeit seiner Mitteilung, Wetti selbst. Der

Fehler mit der Zahl Fünf beweist wiederum, daß Walahfrid im Alleingang, ohne rege Anteilnahme Heitos oder anderer Brüder, seine Verse zu Papier gebracht hat. Dagegen spricht auch nicht, daß er zum Inhalt des Gesprächs einige über Heitos Text hinausgehende Einzelheiten mitteilt, daß nämlich Wetti darum bat, die Vision verbreiten zu dürfen, und daß für den Fall seines Ablebens die Mitbrüder diese Aufgabe übernehmen sollten, daß er sich ferner ein streng asketisches Leben zum Vorsatz machte[102]. Diese nur flüchtig berührten Tatsachen dürften ein offenes Geheimnis gewesen sein. Detailliert erzählt Walahfrid hingegen von den letzten Stunden, die er selbst als Schreiber der Briefe Wettis mit ihm verbracht hat, und er fügt den Wortlaut dieser Abschiedsschreiben, in denen Wetti um die übliche Gebetshilfe bat, in seine Verse ein. In scharfen Kontrast zu dem festen Wissen seines Lehrers stellt er seine eigene Ahnungslosigkeit und die leichtfertige Zuversicht der Mitbrüder, die keine Symptome des herannahenden Todes erkennen[103].

Eine eigenartige, bald zielbewußte, bald wirre Entschlossenheit des Todgeweihten beherrscht seine letzten Stunden. »Kein erbaulicher Tod im Stil der Heiligenlegenden«, charakterisiert Arno Borst[104] dieses Ende. Und weder von Heito noch von Walahfrid wird der Versuch gemacht, Wettis Sterben zu stilisieren. Nur den Gerechten war ja, wie auch Gregor betont hatte, ein Tod ohne Schmerz und Angst vergönnt, und von wem konnte man schon sagen, daß er ein Heiliger war? Betrachten wir indes den Schluß der beiden Berichte, so finden wir dort zwar einfach nur einige Tatsachen über Wettis letzte Stunden genannt und erfahren etwas von dem Beistand, den die klösterliche Gemeinschaft jedem ihrer Mitbrüder geleistet hat, aber vor allem seit Gregors viertem Buch der Dialoge gehörten mehrere der aufgezählten Einzelheiten fast toposartig zur Darstellung des Todes frommer Männer[105]. Der schlichte Schlußbericht läßt also die Überzeugung durchblicken, daß auch Wetti als frommer Mönch gestorben war und letztlich zur Schau Gottes gelangen werde[106].

Praefatio ad Grimaldum Capellanum

DOMINO PATRI VEREQUE FELICI ET PURISSIMA SINCERITATE
VENERANDO GRIMALDO CAPELLANO STRABUS WALAHFRIDUS
AETERNAE BEATITUDINIS IN SALVATORE MUNDI SALUTEM.

Ex quo, pater beatissime, familiari quadam pietate exiguitatem meam dignati estis
agnoscere, sedulo tenaci memoria amplexabar, cuius praesentiam summo ardore sitiebam,
sicut et hactenus ago. Licet enim longa interiectae telluris spatia sequestrent, vasti montium
et saltuum dirimant anfractus, animo tamen spiritali igne aestuans, quamvis absens assidue
vestros quasi quoddam speculum intueor obtutus. Denique iussu Adalgisi venerandi patris
in domino visionem Wettini propinqui vestri, quam beatus pater Heito urbanae facundiae
mellifluis floribus adornans prosaicis verbis doctissime composuit, versibus exametris
furtim exemplare coactus sum. Ideo nulli hoc ut placeat exhibeo, tantum illius voluntati
satisfeci et maior erat oboedientia quam facultas. Sciebam etenim, quia, qui spiritalibus
viris obtemperat, numquam errat. Et si in pedum mensuris et synalipharum positione
fefelli, contra nullum luctamen inibo, quia ad rumusculos spargendos non egi, sed potius
ob propositi mei conservationem, quippe cui nec aetas ad talia competit nec scientia
suppetit. Scintilla quaedam inest et eget fomite. In hoc autem primitivo carmine nec
tempus morosum ad cautelam concessum est nec proprii sermonis habui potestatem.
Arbitror autem, quod, si per campos darentur vagandi induciae, quivissem fortasse
ramusculos aliquos decerpere, quibus mea rusticitas aliquantisper tegeretur. Unam itaque
ob causam inpossibilitatem superavit voluntas: comperimus etenim quosdam esse, qui hoc
nil amplius vanis somniis diiudicantes nec habere vel credere aut audire dignantur. Hanc
autem praesumptionem ut audierint, turgentes assumunt in manus avidique vitia, quibus
redundat, rimantes, velint nolint, ipsum quod oderunt invenient, dum quod sitiunt
quaesierint. Conpulsum tamen me sciant in hoc prorupisse et quasi stimulis plerumque
inpulsum scriptitasse. Sed propter amorem eius, qui haec vidit, et iste fieri desideravit et me
haec fiducia animavit. Quapropter, beatissime pater, quaeso sanctitatem vestram, ut
emendare dignemini, quicquid in hoc pittatio censura vestra aptum correctioni vel a vero

Walahfrids Brief an Grimald

Seinem Herrn und Vater, dem wahrhaft gesegneten und mit reinster Aufrichtigkeit[107] zu verehrenden Kapellan Grimald[108], wünscht Walahfrid Strabo das Heil ewiger Glückseligkeit im Herrn, dem Erlöser der Welt. Seit der Zeit, da ihr, gesegneter Vater, mit freundlicher Zuneigung meine Wenigkeit anzuerkennen geruht habt, bewahrte ich die Erinnerung an den, dessen Gegenwart ich mit höchstem Verlangen ersehnte, fest im Gedächtnis, wie ich es auch jetzt noch tue. Wenn mich auch die weiten Strecken der zwischen uns liegenden Länder und die endlosen Windungen der Wege über Berg und Tal von euch trennen, so sehe ich doch in glühendem Verlangen des Geistes trotz der Entfernung euer Antlitz gleichsam wie ein Spiegelbild[109] ständig vor mir. – Auf Geheiß von Adalgis[110], des ehrwürdigen Vaters im Herrn, wurde ich gedrängt, die Vision eures Verwandten Wetti, die der gesegnete Vater Heito mit den honigreichen Blüten gewandter Beredsamkeit geschmückt und in Prosa aufs gelehrteste niedergeschrieben hat, heimlich in Hexametern nachzugestalten. So lege ich nun dieses Werk niemandem vor, um Gefallen zu finden; ich habe lediglich Adalgis' Willen erfüllt, und mein Gehorsam war größer als mein Talent. Ich wußte ja, daß man nie in die Irre geht, wenn man Männern gehorcht, die vom Geiste erfüllt sind. Und wenn ich bei der Quantität der Versfüße und der Verwendung von Synaloiphen[111] Fehler gemacht habe, werde ich mich mit keinem auf einen Streit einlassen, weil ich die Arbeit nicht getan habe, damit die Leute ein wenig über mich reden, sondern vielmehr, um die mir gestellte Aufgabe auszuführen, habe ich doch zu so etwas weder das hinreichende Alter noch ausreichende Kenntnisse. Ein Funke ist da und braucht seinen Zunder[112], aber bei diesem Erstlingsgedicht ließ man mir weder Muße zu bedachtsamer Ausarbeitung, noch beherrschte ich die angemessene Sprache. Ich glaube jedoch, wenn ich noch eine Frist bekommen hätte, um durch die Gefilde[113] zu streifen, hätte ich noch einige Zweiglein brechen können, um damit ein bißchen meine bäurische Plumpheit zu bedecken. So hat nur aus einem Grund der Wille über die Ohnmacht gesiegt: wir haben nämlich erfahren, es gebe gewisse Leute, die diese Vision für nichts weiter als leere Traumgebilde hielten und sie weder haben noch glauben oder hören wollten. Wenn sie aber von diesem meinem gewagten Werk hören, nehmen sie es voller Zorn zur Hand, durchstöbern es begierig nach den Fehlern, die sich reichlich darin finden, und werden so wohl oder übel gerade auf das stoßen, was sie ablehnen, wenn sie suchen, wonach sie verlangen. Doch sollen sie wissen, daß ich mich nur auf Drängen hin zu dieser Arbeit durchgerungen und meistens geschrieben habe, als würde ich mit der Stachelpeitsche

discordans deliberaverit. Necesse enim est, ut Erlebaldum dominum et Tattonem praecep-
torem meum haec res non lateat, quia fas non est monacho suum quicquam celare abbatem.
Si itaque considerantes nimiis nacti fuerint sordere mendaciis, statim pungent, non
palpabunt et ut vereor, qui paene octavum decimum iam annum transegi, dignis verberibus
vapulabo. Optime enim hac arte, sicut et aliis imbuti sunt, sed minus diligunt. Ideo
defendere dignemini vilitatem meam et huius scedulae infirma tueri. Quaedam etiam
nomina in contextu occultata, qui diligenter investigaverit, istis versibus impressa reppe-
riet. Bene valentem et Strabi memorem te deus omnipotens in aeterna felicitate conservare
dignetur, sanctissime pater, amen.

angetrieben. Aber aus Liebe zu dem, der diese Vision gehabt hat, hat Adalgis die Übertragung in Verse gewünscht, und ebendarum hat mich dieses Selbstvertrauen beseelt. Deshalb, gesegneter Vater, bitte ich eure Heiligkeit, erweist mir die Güte, zu verbessern, was eure Zensur auf diesen Blättern als verbesserungsbedürftig oder von der Wahrheit abweichend erkennt. Dem Herrn Erlebald und meinem Lehrer Tatto darf dieses Werk ja nicht verborgen bleiben, weil ein Mönch vor seinem Abt kein Geheimnis haben darf. Wenn sie daher beim Durchsehen finden, daß das Gedicht durch zu viele Fehler entstellt ist, werden sie gleich zuschlagen und mich nicht tätscheln, und ich, der ich beinahe schon das achtzehnte Jahr hinter mir habe, werde, fürchte ich, die verdienten Prügel von ihnen beziehen. Sie verstehen sich nämlich hervorragend auf diese Kunst[114], genauso wie auch auf andere, lieben sie aber weniger. Seid deshalb so gütig und verteidigt meine Wenigkeit und nehmt euch der Schwächen dieser Blätter an. Wer sorgfältig nachliest, wird auch einige im Zusammenhang nicht genannte Namen in diese Verse eingearbeitet finden[115].

Lebe wohl und vergiß Strabo nicht, und so möge dich Gott der Allmächtige in beständigem Glück und Segen bewahren, heiligster Vater! Amen.

Visio Wettini

Christe, novum qui pascha mihi concedis agendum,
Suscipe dona precum laudisque salubria nostrae
Vota, voluntatem potius quam dona requirens.
Quantum posse dabis, tantum sum velle paratus,
5 Cum tua maiestas velle atque valere ministret.
Te precor, alme deus, pueriles dissice ludos,
Et fermenta tui placida insere dogmatis, ut sit
Blanda mihi dulcisque patris sententia, cuius
Iussa sequor, ne dorsa fero lacerare flagello
10 Incipiat carmenque animo reprobare citato.
Non aliunde quidem primum componere carmen
Disposui, quam sancta sequens praecepta priorum
Primitias deferre deo, cui cordis in ara
Fertur adeps sanctae cum laudis odore litatus.
15 Iesu Christe, crucis rogo per merita alma sacratae
Atque resurgentis per maxima festa leonis,
Cuius adest hodie festum venerabile cunctis,
Ut me digneris vitiis mundare nefandis,
Ne, quod voce probo, hoc nostro damnetur in actu.
20 Quid loquar ulterius? mundi, miserere, redemptor,
Perque potestatis numen succurre triformis.

    Rhenus ab Ausoniis quo ducitur Alpibus, aequor
Miscet, in occiduis diffusus partibus, ingens.
Illius in medio suspenditur insula fluctu,
25 Augia nomen habens, iacet hanc Germania circa.
Haec solet egregias monachorum gignere turmas.
Primus in hac sanctus construxit moenia praesul
Pirminius ternisque gregem protexerat annis.
Huius quisque velit sanctam cognoscere vitam,
30 Ipsa sepulchra petat, satis ipse probabit in Hornbach.
Postea septenis praesedit cursibus Eto;
Tum sequitur binis laudandus Geba sacerdos.

44

Die Vision Wettis

Christus, du schenkst mir von neuem die Gnade, Ostern[116] zu feiern;
Nimm der Gebete Gaben an und unseres Loblieds
Heilsames Flehn! Schau mehr auf den Willen als auf die Gaben![117]
Was du an Können mir gibst, das bin ich bereit auch zu wollen,
5 Da deine Majestät uns schenkt das Wollen und Können[118].
Gütiger Gott, dich bitt' ich, vertreibe die kindlichen Spiele[119]
Und mische bei den milden Sauerteig göttlicher Lehre[120],
Daß mir gewogen und freundlich sei das Urteil des Vaters[121],
Dessen Befehl ich gehorche, damit er nicht hart meinen Rücken
10 Auspeitscht und mit zornigem Sinn meine Verse zurückweist.
Anders will ich nicht meine erste Dichtung beginnen,
Als daß ich, hierin der heiligen Weisung der Älteren folgend,
Darbringe Gott den ersten Ertrag[122]; auf des Herzens Altare
Wird das Fett[123] ihm geweiht mit dem Dufte heiligen Lobes.
15 Christus, durch deine Erlösungstat am heiligen Kreuze
Und durch das höchste Fest des auferstandenen Löwen[124] –
Heute ja ist sein Fest, bei allen in Ehren gehalten –
Reinige gnädig mich vom ruchlosen Frevel der Sünden,
Daß, was mein Wort hier lobt, durch mein Tun nicht werde zuschanden.
20 Was soll weiter ich sagen? Erlöser der Welt, hab' Erbarmen,
Und durch deiner Dreifaltigkeit Macht gewähre mir Hilfe!

Dort, wo der Rhein von den Höhn der ausonischen[125] Alpen herabfließt,
Weitet er sich gegen Westen und wird zum gewaltigen Meere.
Mitten in dieses Meeres Flut erhebt sich die Insel,
25 Aue[126] wird sie genannt, ringsum liegen Deutschlands Gebiete;
Sie aber bringt hervor der Mönche treffliche Scharen.
Erstmals baute auf ihr ein Kloster der heilige Bischof
Pirmin[127] und hütete dort drei Jahre hindurch seine Herde.
Wer auch immer den Wunsch hat, sein heiliges Leben zu kennen,
30 Pilgre zu seinem Grab; genug wird er hören in Hornbach.
Sieben Jahre hatte nach ihm dann Eto die Führung,
Für deren zwei folgte Geba, ein Priester, würdig des Lobes.

Bina Ermenfredus tum lustra peregerat abba.
Sidonius ternis denisque ibi praefuit annis,
35 Vicenos binosque receperat inde Iohannes.
Quinque Petrus sortitur item venerabilis annos,
Quattuor inde tulit Waldonis lustra potestas.
    Tempore sub quorum iuvenis velut aurea surgit
Stella, tenebrosum citius vulganda per orbem,
40 Coenobium quinquennis enim Insulanense petivit.
Nec latet urbs homines in vertice structa levato,
Sed neque testa subit modium. Per regna volando
Tanti fama viri regales verberat aures.
Post rapitur non sponte foras de carcere caro,
45 Et qui liber erat, fit libertate soluta
Pastor ovile tuens, cuius pars magna profanis
Actibus insistens Christi de calle viavit.
Provida quippe dei talem sapientia patrem
Constituit, qui cuncta sacris sub legibus arcens
50 Rure tenus destructa novat geminamque ruinam
Elevat inque dei varium transmutat honorem,
Interiora medens atque exteriora reformans.
Cuius ad ingenium nullus mihi sermo redundat
Narrandum, quoniam specialis in orbe refulsit:
55 Doctus, in incultis iaciens sacra semina sulcis,
Largus in auxilio, vita probus, aptus amori,
Iustus in arbitrio, arte sagax, perfectior actu:
Quid moror ista canens, cum possim iure fateri
Me nescire alium, qui compensetur ad istum?
60 Cogitur interea monachorum pastor haberi,
Discipulus dudum disponitur ipse magister;
Carceris ipse fuit custos, quo saepe cupivit
Finitimum expectare diem, tum morte revicta
Perpetuaque frui Christo donante corona.
65 Vocibus in septem si promat verba palatus,
Non erit ulla tamen narrandi cuncta facultas,
In quibus immensum perfecerit ille laborem.
Quicquid erat Christi per ovilia iure regendum
Fecit et assidua constanter pace salutem
70 Christicolis statuit, regali munere fultus.
Dirigiturque maris trans aequora vasta profundi
Graecorum ad proceres, scopulisque illisa carina
Fudit onus cunctumque virum, sed praesul ab undis

Arnefrid hatte das Amt des Abts zwei Lustren lang inne[128];
Dreizehn Jahre stand dort an erster Stelle Sidonius,
35 Zweiundzwanzig Jahre sodann übernahm sie Johannes,
Und für fünf erlangte das Amt der würdige Petrus[129];
Drauf, vier Lustren lang, hielt Waldo[130] die Macht in den Händen.
    Als diese Männer regierten, erschien, einem goldenen Stern gleich,
Um bald hell zu erstrahlen im Dunkel der Erde, ein Jüngling[131];
40 Fünfjährig war er erst, als er kam zum Kloster der Insel.
Keine Stadt, auf dem Berge erbaut, bleibt den Menschen verborgen,
Noch stellt man unter den Scheffel ein Licht[132]. Im Flug durch die Lande
Drang auch der Ruf eines solchen Mannes zum Ohre des Königs.
Da entführte man Heito – sein Wille war's nicht – aus dem lieben
45 Kerker[133], und er, der frei war zuvor, gab hin seine Freiheit,
Ward zum Hirten der Schafe bestellt, von denen so viele
Christi Weg verließen, in irdischem Treiben verharrend[134].
Gottes Vorsehung war es ja, die solch einen Vater
Setzte ein, der, nach heilgen Gesetzen alles regierend,
50 Neu läßt erstehn, was weithin zerstört, und den doppelten Einsturz
Wieder behebt und zu Gottes Preis und Ehre verwandelt[135],
Denn er konnte das Innere heilen, das Äußre erneuern.
Worte finde ich nicht genug, den Glanz seines Geistes
Hier zu schildern, da dieser so hell auf dem Erdkreis erstrahlte:
55 Wissen besaß er, gab heilige Saat in verwildertes Erdreich,
Großzügig bot er Hilfe, war liebenswürdig und edel,
Redlich im Urteil, im Denken scharf[136], noch bewährter im Handeln[137].
Doch was soll ein längeres Lob, da mit Recht ich gestehe,
Daß ich niemanden weiß, um ihn diesem zur Seite zu stellen?
60   Dann aber ward er gedrängt, der Mönche Hirte zu werden[138];
Er, der vor kurzem noch Schüler gewesen, wurde nun Lehrer,
Selbst der Wächter des Kerkers; und dort, so war sein Verlangen,
Wollte den letzten Tag er erwarten, den Tod dann bezwingen
Und sich der ewigen Krone durch Christi Gnade erfreuen.
65 Strömten aus meinem Munde in sieben Stimmen die Worte,
Wäre mir doch nicht gegeben, von all den Taten zu reden,
Die jener Mann in unendlicher Mühe und Arbeit vollbracht hat.
Galt es, nach Recht und Gesetz in Christi Hürden[139] zu lenken,
Tat er es, förderte auch beharrlich des christlichen Volkes
70 Heil, in beständigem Frieden, gestützt auf die Hilfe des Königs.
Über das endlose, tiefe Meer zu den Fürsten der Griechen
Ward er gesandt[140], und das Schiff, an felsigen Klippen zerschellend,
Schüttete aus seine Last; doch es rettete sich aus den Wellen

Seque suosque manum domino praebente recepit.
75 Nulla maris post haec rabidi discrimina passus,
Sed potius recto cursu fatisque secundis
Argivum responsa rato tulit ordine Francis.
Denique longa tulit postquam fastidia, coepit
Mente sub obscura refugus tractare recessum
80 Ordine de tanto, ne captus amore tenendi
Linqueret aeternum cui semper munus inhaesit.
Anno igitur decimo Hludowici Caesaris – atque
Bis cessere novem illius tunc ordinis anni,
Sexaginta quoque aetatis iam tempora clausit –
85 Morbus in exitium traxit loetale patronum.
Ille dolor dilectus erat, carissima febris,
Mors contempta, fugae haec occasio prima patebat.
Venit adoptivum redeundi in carceris antrum
Tempus, ut alterius contemplans ora iubentis,
90 Quod prius iniunxit, iam tunc servaret agendo.
Solvitur ex onere atque sibi subiecta refutat,
Perfruiturque quiete silens feliciter exin.
Fare, precor, quicumque velis, quaesitor honoris,
Quod tibi munus erit, cuius mala fama cerebrum
95 Turbat et hanc famam dirissima poena sequetur?
Conspicis ecce meum dulci rumore refertum
Pro nihilo duxisse volans et inane favoris
Molle decus multumque viris miserabile iustis.
O ne magna dies damnans inhonoret, honores
100 Spernite, per normamque sacri resipiscite patris!
Versibus in paucis Heitonis gesta parumper
Depinxi, brevitate tamen maiora potestis
Nosse, sub invidia si mens non vestra gravatur.
      Musa soror, maiora refer celerique volatu
105 Pange melos laudisque facem generisque latebras,
Cuius ab exortu Heitoni traditur heres!
Est famosa tribus, quae legum docta per artes
Promeruit primo populi sedisse senatu
Iudicioque bonas iusto discernere leges;
110 Illius e medio surgit generamine proles.
Dicitur Erbaldus, verso sermone ›vir audax‹.
Post septem denosque petit venerabilis annos
Insulanense salum, sociatur fratribus illis
Atque magisterio Heitonis traditur almi.

Und die Seinen der Bischof, da Gott ihm die schützende Hand bot.

75 Nicht mehr erlitt er hierauf des wütenden Meeres Gefahren,
Brachte dafür in glücklicher Fahrt, vom Schicksal begünstigt,
Seinem Auftrag gemäß der Griechen Antwort den Franken[141].
Schließlich, als er die Last der Verantwortung lange getragen,
Wollte er, innerlich schon der Welt entrückt, sich zurückziehn

80 Von solch hohem Amt, um aus Liebe zu irdischen Ehren
Nicht den ewigen Lohn, an dem er hing, zu verlieren.
Damals, als Kaiser Ludwig im zehnten Jahre regierte[142] –
Achtzehn Jahre hindurch war Heito im Amte gewesen
Und vollendete nun das sechzigste Jahr seines Lebens –

85 Riß eine Krankheit den würdigen Abt an den Abgrund des Todes.
Jener Schmerz war ihm lieb, willkommen das Fieber, das Sterben
Hatte für ihn keinen Schrecken; zum erstenmal bot sich die Flucht ihm.
So kam für ihn die Zeit seiner Rückkehr in des erwählten
Kerkers Grotte, und jetzt, dem Befehl eines andern sich beugend,

90 Führte er aus in Gehorsam, was ehedem selbst er befohlen.
Frei war er nun von der Bürde, gab ab, was ihm einst untergeben,
Und er genoß hierauf seine Ruhe in glücklichem Schweigen.
Sage mir doch, wer immer du bist, der den Ehren du nachjagst:
Was wird der Lohn sein für dich, dessen Geist von verderblicher Ruhmsucht

95 Ständig bedrängt wird? Es folgt diesem Ruhm die schrecklichste Strafe.
Sieh, dieser Mann[143], dem von überallher der verlockende Ruhm kam,
Schätzte die flüchtige, leere, verführende Ehre der Volksgunst
Nicht, diese Gunst, den Gerechten ein Grund zu bitterer Klage.
Drum verschmäht diese Ehren, damit nicht der Tag des Gerichtes

100 Euch entehre! Kehrt um nach dem Vorbild des heiligen Vaters!
Kurz hab' ich Heitos Wirken hier nur und in wenigen Versen
Euch beschrieben, doch könnt ihr auch größere Taten erkennen
Trotz dieser Kürze, wofern euer Herz nicht vom Neide beschwert wird.

Muse, Schwester, sing Höheres nun, und in eiligem Fluge

105 Künde dein Lied, schwing die Fackel des Ruhms und löse das Rätsel
Jenes Geschlechtes, aus dem ein Erbe für Heito entsprossen!
Ruhmvoll lebt ein Geschlecht[144], das, kundig der Kunst der Gesetze,
Wohl verdient hat, im ersten Senat des Volkes zu sitzen
Und mit gerechtem Urteil ihm gute Gesetze zu finden.

110 Jenes Geschlecht also war's, aus dem als Sproß er hervorging;
Erbald nannte man ihn, das heißt übertragen »der Kühne«[145].
Siebzehnjährig kam er zum See, wo unsere Insel
Liegt, jener achtbare Mann, und gesellte sich dort zu den Brüdern;
Man übergab ihn der Führung des gütigen Heito, durch dessen

115 Quo monstrante sacris non parva ex parte libellis
    Imbuitur, variaeque vetant ne traderet artes
    Septenas curae, antiqui quas auribus indunt
    Nobilium. Namque illa refert scriptura Iohannis
    Ante retroque animalia sancta oculata fuisse.
120 Sensus adest: sic doctus homo ex ratione biformi
    Ante superna videt, retro terrena cavetque.
    Hac ex parte foret ne clauso lumine caecus,
    Mittitur ad quendam socio comitatus abinde,
    Cuius multa viret sapientia dogmate, Scottum.
125 Quem dixi socium carmen perquirit abundans,
    Nam vitam meta et vires in morte triumphat.
    Nunc incoepta sequar, post pauca parabor ad illud.
    Denique post reditum luxit perfectior actus,
    Moribus ardor inest, sermone fidelis amor stat,
130 Fulget in ingenio verax, probus, aptus, honestus,
    Norma boni, aequa fides, dilectio sancta sub illo,
    Innumerisque bonis nituit, quae cuncta sub ista
    Non possum brevitate sequi, ne audire recuses.
    Haec Heitonis erant postquam iactata per aures,
135 Approbat ipse suo passim moderamine vera
    Esse satis, secumque vehit per terga liquentum
    Camporum, fluctusque secant Argosque penetrant,
    Diximus ut supra, redeuntque Augense sub antrum.
    Ergo ubi Heitonis silet argumenta potestas
140 Per multa alteriusque licet dum iura levare,
    Iam precis arte patet curritque per ora vicissim
    Erbaldo debere dari his in moenibus arcem.
    Annuit ipse deus, cunctos qui mente sub una
    Hoc voluisse dedit, pastori mandat alendas
145 In tellure, ferax quae gaudet fruge, bidentes.
    Tum perfecta magis domino servire voluntas
    Incubat, insignemque virum vota optima produnt.
    Mentis in occulto quantum prius esse benignus
    Vellet, in adiecta poteris bonitate probare.
150 Dicam equidem, quid in antiquis donasse figuris
    Huic agnosco deum veteres recolendo prophetas.
    Heliae successit enim venerabilis ille
    Heliseus vectumque leves affatur in auras:
    ›Spiritus, oro, tuus mecum duplicetur‹, at ille:
155 ›Grandia, nate, petis, fiet tamen ipsa voluntas.‹

115 Weisung er große Vertrautheit gewann mit den heiligen Büchern.
Mancherlei Sorgen indes verwehrten es Heito, die Sieben
Künste zu lehren, die einst die Alten dem Ohre der Edlen
Anvertraut. Es berichtet ja jene Schrift des Johannes
Uns von heiligen Wesen mit Augen vorne und hinten[146].
120 Klar ist der Sinn: es sieht der Gelehrte durch zweifache Bildung
Himmlisches vor sich, doch Irdisches hinter sich, um es zu meiden[147].
Daß er auch hierfür blind nicht sei und verschlossenen Auges,
Sandte mit einem Gefährten man Erlebald hin zu dem Manne,
Dessen tiefe Weisheit durch Bildung glänzt, einem Schotten[148].
125 Jener Gefährte[149] verdient ein wortreiches Lied: er bezwang ja
An der Wende das Leben und seine Kräfte im Tode[150].
Jetzt will ich weiterfahren, doch bald mit dem Liede beginnen.
Erlebald kehrte zurück, noch heller erstrahlte sein Wirken;
Heiliger Eifer beseelte sein Tun, sein Wort treue Liebe;
130 Redlich war sein Sinn, er war rechtschaffen, fähig und edel,
Leitbild zum Guten, im Glauben fest, voll heiliger Liebe;
Zahllose Tugenden leuchteten auf in ihm, die so kurz ich
Alle nicht nennen kann – der Hörer würde sich weigern.
Als diese Tugenden Heito nun zu Ohren gekommen,
135 Fand der erfahrene Abt sie mit kundigem Blicke bestätigt
Zur Genüge; er nahm durch die Wogen der Wassergefilde
Ihn daher mit; sie durchfuhren die Fluten bis hin zu den Griechen,
Wie wir berichtet, und kehrten zurück zur Grotte der Aue.
Als dann aus mancherlei Grund die Führung Heitos ihr Ende
140 Fand und ein anderer Mann dieses Amt beanspruchen durfte,
War schon in aller Mund, durch die Macht des Gebetes erwiesen,
Erlebald stehe es zu, in diesen Mauern zu herrschen.
Gott selbst hat es gewollt, der es fügte, daß einmütig alle
Dies gewünscht; und er gab dem Hirten die Schafe zur Weide
145 Auf einer reich gesegneten Flur, die sich freut ihrer Früchte[151].
Da ergriff ihn noch mehr der Wille, dem Herren zu dienen;
Und sein lauteres Streben erwies des Mannes Bedeutung.
Wie im verborgenen Innern er gut sein wollte zuvor schon,
Kannst du daraus ersehn, wieviel mehr nun an Güte er zeigte.
150 Künden will ich, was ihm Gott nach altem Vorbild bereitet,
Wie ich erkenne – ich greife zurück auf die alten Propheten:
Auf Elija folgte, der Ehren würdig, Elischa[152]
Und sprach zu dem, der empor in die leichten Lüfte entschwebte:
»Möge, so bitt' ich, dein Geist in mir sich verdoppeln!« Doch jener:
155 »Großes begehrst du, mein Sohn, doch wird dein Wille geschehen«[153].

Maxima Heitonis nituerunt facta per orbem;
Si quid adesse potest, tamen exsuperatur ab isto.
Qui solita virtute potens pariterque benignus,
Virtutum custos, vitiis saevissimus hostis
160 Ex aetate fuit puerili ipsam usque senectam.
Quam pulchre et digne multumque insigniter haec res:
Vernat uterque pater vitaque graduque beatus.
Hic pater ante fuit, modo filius adstat, obaudit,
Per natumque regi proprium vult corde paterno;
165 Filius iste prius ductor patris esse iubetur,
Et tamen intendit, qua se sententia docti
Iam senioris agat, sequiturque per omnia pacis
Congeries, iungitque gregem concordia praepes
Pastorum, nullumque dolus, nullum ira lacessit,
170 Res laudanda quidem paucisque innata magistris.
Omnipotens vitae pacis lucisque repertor
Ambobus vitam per saecula multa ministret.

Spiritus alme, veni nostraeque adiungere Musae,
Unius ut vitam praestanti fine capessam!
175 Perge, Camena, virum, quem supra, tolle, reliqui!
Nam Wettinus erat celebri rumore magister
Artibus instructus septem de more priorum,
Cui fortuna dedit scolis adnectier illis,
Quis gaudere solet nitida et lasciva iuventus.
180 Sed tamen, exterius quantum discernere nostrum est,
Moribus in castis vitam mediocriter egit
Laudibus ex hominum multas vulgatus ad aures.
Hic igitur, postquam dominus descendit ab alto
Carnis in hospitium, sexto quater atque peracto
185 Octingentesimo rapidis discursibus anno
Undecimoque pii Hludowici Caesaris, et dum
Sexies Octimber declinat quinque diebus –
Adfuit illa dies, quae septima in ordine constat –,
Ut sibi moris erat, quendam pro corporis haustum
190 Prosperitate tulit, quod tunc non solus agebat,
Adduntur socii, reliquisque salubriter actis
Ipse nova ingentes patitur gravitate dolores,
Indigesta vomens, dapibusque in corporis usus
Sumendis fastidit ali. Iam venit ab ortu
195 Prima dies multusque parum discesserat angor.

Heitos ruhmvolle Taten erglänzten über den Erdkreis,
Aber er wird, wenn möglich, von Erlebald noch übertroffen.
Stark durch seine gewohnte Tugend, zugleich voller Güte,
War er der Tugenden Wächter, der grimmigste Feind aller Laster
160 Schon von der Zeit seiner Jugend an bis hinauf in sein Alter.
Und wie schön und würdig und außergewöhnlich ist dieses:
Beide Väter erstrahlen im Glück ihres Lebens und Ranges![154]
Dieser war Vater zuvor, nun ist er Sohn und gehorsam,
Will sich väterlich leiten lassen vom eigenen Sohne;
165 Jener, zuvor der Sohn, wird bestellt zum Führer des Vaters;
Dennoch strebt er dorthin, wohin ihn das Urteil des Weisen,
Des schon Älteren führt; und es folgt in allem des Friedens
Fülle, und da vereint die Herde die glückliche Eintracht
Ihrer Hirten, lockt keinen die List, reißt keinen der Zorn hin:[155]
170 Lobenswert ist dies, nur wenigen Führern gegeben.
Gott, der allmächtige Schöpfer des Lebens, des Friedens, des Lichtes
Möge beiden ein Leben durch viele Jahrhunderte schenken!

Komm, o Heiliger Geist, steh unserer Muse zur Seite,
Eines Mannes Leben und rühmliches Ende zu schildern!
175 Komm nun, Muse, auf den zurück, den ich vorhin verlassen!
Wetti war, wie bekannt, ein Lehrer von glänzendem Rufe,
War in den Sieben Künsten bewandert nach Sitte der Alten.
Ihm war vom Schicksal bestimmt, die Schulen zu leiten[156], in denen
Gern sich versammelt die feine, die ausgelassene Jugend.
180 Dennoch führte er, wenn nach dem Äußern wir urteilen dürfen,
Dort mit reinen Sitten in maßvoller Weise sein Leben,
Und der Menschen Lob über ihn kam vielen zu Ohren.
Wetti also – seit unser Herr vom Himmel herabstieg
In die Wohnung unseres Fleisches, waren vergangen
185 Achthundertvierundzwanzig Jahre in eiligem Laufe,
Damals regierte im elften Jahr Kaiser Ludwig der Fromme,
Schon ging mit dreißig Tagen der Monat Oktober zur Neige,
Und es war jener Tag, der als siebter die Woche beendet[157] –
Nahm, wie es seine Gewohnheit war, für des Leibes Gesundheit
190 Einen stärkenden Trunk; dies tat er jedoch nicht alleine;
Brüder waren bei ihm, und den andern bracht' es Gesundheit,
Er aber spürte wie nie zuvor gewaltige Schmerzen,
Und er erbrach sich, weigerte sich zudem voller Ekel,
Etwas zur Stärkung zu nehmen. Schon nahte von Osten der Woche
195 Erster Tag, die bedrängende Angst war nur wenig gewichen.

Tum reficit non cepta tamen fastidia linquens,
Nec tractavit in hoc ullum se ferre periclum
Mortis, ad hanc vitam quoniam cibus ille animavit.
Tertia lux oritur noctisque rotam Hesperus affert,
200 Colligitur mixtura virum, residetur ad escas.
Tum frater: ›Non mensa placet, non pabula prosunt;
Cedo locum, compellor enim feritate doloris
Strata videre mea; haec aliam portate sub umbram.‹
Tolluntur stramenta aliamque feruntur in aedem
205 Contiguam cellae, quam cenatum ante petivit.
   Ergo ubi membra suo componit languida lecto,
Conclausis oculis penitus dormire nequibat,
Spiritus ecce doli foribus processit apertis,
Clericus in specie, frontis latuere fenestrae,
210 Ut nec signa quidem parvi videantur ocelli.
In manibus tormenta gerens capitique propinquans
Magna sub ardenti complectens gaudia corde:
›Cras torqueris‹, ait, ›meritumque rependitur omne.‹
O mens orba hominum, quo te deducere caecum
215 Expetis et, cuius retinentur sidera septem
In palma, hunc inimicitia aversaris amara
Et, cum luce cares, tenebris circumdaris atris?
Ille feroxque rapaxque, minax, mendaxque sagaxque,
Finibus insidians fundo te tinguit Averni,
220 At dominus si ductor erit, transmittit Olimpo.
Ille igitur dum tanta minans promittit inermi,
Turba catervatim piceum comitata magistrum
Affluxit totumque locum tetro agmine supplet,
Armati velut in bellum, curruntque per aulam,
225 Structuri angustum poenalis carceris antrum,
Nulla relinquentes fugiendi dona pavorem.
Hic locus insinuat, Solimae quod dixit Iesus:
›Ecce dies venient et tu circumdata vallo
Laberis usque solum, gladio mactabitur infans,
230 Et lapis esse super lapidem hac strage vetatur.‹
Urbs animam, lapides tractatus nempe figurant,
Vallus in angorem positus dinoscitur esse.
Destructor nam daemon erit, destructio finis.
Evenit hoc illi, qui notum spernit Iesum.
235   His actis timor ora premit, pavor occupat artus;
Spes iam nulla fuit nigram vitare catervam.

Aß er auch nun, so verließ ihn doch nicht der vorige Ekel.
Aber noch dachte er nicht, er trage des Todes Bedrohung
Schon in sich; denn es gab ihm die Speise noch Kräfte zum Leben.
So kam der dritte Tag, und der Abendstern brachte die Nacht[158], da
200 Sammelte sich der Männer Schar, man setzt sich zu Tische.
Wetti sprach: »Mir bekommt das Mahl nicht, mir schmeckt nicht die Speise;
Laßt mich gehn; denn es treiben mich heftige Schmerzen, mein Lager
Aufzusuchen; richtet es her unter anderem Dache!«
Also nahm man sein Bett und trug's in ein anderes Zimmer
205 Neben dem Raum, in den zum Essen er eben gekommen.
      Als er dann den geschwächten Leib aufs Lager gebreitet,
Schloß er die Augen, doch konnte auf keine Weise er schlafen.
Siehe, der Geist des Trugs erschien bei geöffneten Türen,
Sah wie ein Kleriker aus; verborgen waren die Fenster[159]
210 Seiner Stirn, nicht war zu sehn die Spur eines Auges.
In seiner Hand trug er Foltergerät, und dem Haupte sich nähernd
Sprach er, das haßerfüllte Herz voll maßloser Freude:
»Morgen wirst du gepeinigt; vergolten wird, wie du's verdient hast!«
Blinder Menschenverstand, wohin nur läßt du dich führen?[160]
215 *Den* aber weisest du ab von dir in bitterer Feindschaft,
Der der Sterne sieben umfaßt mit der Macht seiner Rechten[161],
Stürzest, bedürftig des Lichts, dich selbst in gräßliches Dunkel?[162]
Jener jedoch, voll Wut, voll Gier, voller Trug, voller Tücke,
Lauert am Ende dir auf und stößt dich hinab zum Avernus[163].
220 Doch ist der Herr dein Führer, wird er zum Olymp dich geleiten.
Wie nun jener mit solchem Drohn den Wehrlosen schreckte,
Sieh, eine Schar Dämonen, den schwarzen Meister begleitend,
Strömte herbei und füllte den Raum mit grausem Gedränge;
Waffen trugen sie wie zum Krieg, durcheilten die Halle,
225 Um ein enges Verlies als Kerker der Strafe zu bauen;
Keine Hoffnung ließen sie mehr, der Angst zu entrinnen.
Hier fällt mir ein jenes Wort, das der Herr zu der heiligen Stadt sprach:
»Einst wird kommen die Zeit, da du, eingeschlossen von Wällen,
Stürzest zu Boden; es wird dein Kind mit dem Schwerte getötet,
230 Und keinen Stein auf dem andern wird diese Zerstörung dir lassen«[164].
›Stadt‹ bedeutet die Seele, die Steine sind ihre Gedanken,
Doch der Wall ringsum ist Bild ihrer Angst und Bedrängnis.
Der, der zerstört, wird der Teufel sein, die Zerstörung ihr Ende.
Dies wird jenem zuteil, der Jesus kennt und verachtet[165].
235   Angst befiel Wettis Antlitz, Entsetzen lähmte die Glieder;
Jegliche Hoffnung schwand, der schwarzen Schar zu entfliehen.

Sed divina cito advenit clementia cursu:
Viderat in cella monachos sedisse nitentes,
Forma quibus radians habitusque ignotus in arvis.
240 Unus ait, media quem fors in sede locavit:
›Res iniusta patet, fugite his e sedibus, hostes!
Hic homo sumet adhuc huius compendia vitae.‹
His dictis, velut in vallem cum lympha minatur,
Fertur ab aspectu subitis discessibus agmen,
245 Cessit et anxietas, tandemque decorus in aulam
Angelus ingreditur fulgens in veste rubenti,
Gressibus assistens sermone acclamat amico:
›Te, dilecta anima, hoc momento visere veni.‹
Talia dicenti recubans sermone Latino
250 Subdidit: ›Omnipotens nostris si ignoscere culpis
Dignatur, pietatis opus perfectius auget,
Sin alias, pugno concludimur illius omnes.
Impendat, quodcumque placet, sequimurque libenter.
Nam prima sancti patriarchae fronte statuti,
255 Inde prophetarum collectio sancta priorum,
Sanctus apostolici demum globus ordinis omnis:
Hi genus humanum multo vexere labore,
Nunc etiam maiora petit solamina praesens
Tempus, ab hac fragili quoniam plus carne gravamur.‹
260 Colloquio in medio rumpuntur visa duorum;
Nondum verborum, sed visus finis habetur.
    Evigilat, si quisque sibi, quaesivit, adesset:
Vidit adesse duos, cunctis qui ad strata reversis
Forte domum intrabant, quorum tunc unus in ipso
265 Coenobio praepostus erat, meus ipse magister,
Praecipua bonitate vigens et moribus omnes
Praecellens, latitare volens, sed notus ubique.
Repperit hunc aliumque domo consistere fratrem,
Accitisque cavas visum iaculavit in aures,
270 Quicquid in angusto cognovit temporis artu.
Palluit ac timuit carnisque dolore remoto
Surgit ab excubitu pronus tellure recumbens,
In patulaeque crucis distendens membra figuram,
›Iam tota virtute, viri, prece posco frequenti‹,
275 Inquit, ›adorantes veniam deposcite nobis,
Intentas formate preces, clementia magna est.‹
Conspiciunt igitur tanto terrore gementem,

Aber da nahte alsbald die Hilfe der göttlichen Gnade:
Sitzen sah er bei sich eine leuchtende Reihe von Mönchen,
Strahlend war ihre Gestalt, und fremdartig ihre Gewandung.
240 Einer von ihnen sprach, der Platz in der Mitte genommen:
»Unrecht habt ihr getan, ihr Feinde; fliehet von hinnen!
Diesem Manne wird noch gewährt eine Frist für sein Leben!«
Auf dieses Wort hin wich, so rasch, wie Wasser zu Tal stürzt,
Und entfloh aus den Augen die Rotte in plötzlicher Eile,
245 Wich auch die Angst, und nun erschien ein herrlicher Engel,
Leuchtend im Purpurgewand schritt er herein in die Halle,
Trat zu den Füßen des Mönchs und rief mit freundlichen Worten:
»Dich zu sehn bin ich jetzt, o geliebte Seele, gekommen!«
Ihm entgegnete drauf in lateinischer Sprache der Kranke:
250 »Wenn der Allmächtige mir die Sünden, die ich begangen,
Gnädig verzeiht, so wird er mir größtes Erbarmen erweisen;
Will er es nicht, so sei's; in seiner Hand sind wir alle[166].
Schicke er uns, was ihm immer gefällt; wir fügen uns willig!
Heilige Patriarchen schon in den ältesten Zeiten[167]
255 Und danach die heilige Schar der alten Propheten,
Schließlich die Reihe der Männer, die zu den Aposteln gehörten[168],
Haben das Menschengeschlecht mit großer Mühe gefördert;
Aber unsere Zeit bedarf noch größerer Hilfe[169],
Werden wir ja vom schwachen Fleische mehr noch belastet.«
260 Mitten in ihrem Gespräch zerbrach die Schau dieses Traumes;
Worte vernahm er noch, doch das Bild entschwand seinen Blicken.
    Wetti erwachte und sah sich um, ob jemand ihm beistand;
Alle waren derweil zu ihrem Lager gegangen.
Doch erblickte er zwei, die eben ins Haus zu ihm traten;
265 Einer davon war mein Lehrer selbst und Prior des Klosters[170],
Der durch Güte und reinen Wandel allen voranstand;
Wollt' er verborgen auch sein, war sein Ruhm doch weithin verbreitet.
Ihn fand Wetti mit einem anderen Bruder im Hause,
Rief sie herbei und schüttete aus in offene Ohren,
270 Was in der kurzen Spanne der Zeit er erlebt und erfahren.
Bleich wurde er vor Angst, vergaß die Schmerzen des Leibes,
Raffte sich auf vom Lager und warf sich nieder zu Boden[171],
Breitete aus die Glieder sodann in Form eines Kreuzes.
»Betet mit ganzer Kraft, ihr Männer, und betet beständig,
275 Flehet«, sprach er, »zu Gott, daß er mir Verzeihung gewähre;
Unaufhörlich rufet ihn an! Ist doch groß sein Erbarmen.«
Als die Brüder ihn seufzen sahen in solcher Bedrängnis,

Cantibus insistunt palmasque ad sidera tendunt,
Cantantur septem lacrimantum carmina, necnon
280 Plurima psalmorum modulamina firmiter addunt,
Quae tanta anxietas sibi continuare requirit.
Tunc surrexit humo lectoque resedit anhelus,
Exposcitque legi sibi verba novissima sancti
Gregorii in scripto, quod noscitur illius esse
285 Dialogus, quo multa bonis documenta ministris
Construxit mortisque situs per multa serebat.
Grandis in hoc libro perlecta est lectio fratri,
Tunc ait: ›Oro, patres, componite corpora terrae,
Atque quiete gravem placida relevate laborem,
290 Et mihi quod restat spatium concedite noctis,
Corpus ut invalidum somno pascatur inani.‹
       Postquam lassa suo prosternunt membra papiro
Ipseque tam diros animae carnisque labores
Dum recreare cupit, caelorum e culmine missus
295 Angelus albato vestitu venit amictus,
Assistens capiti, qui visum in veste priorem
Purpurea ostendit iuxta vestigia stando,
Blandaque dictorum praemittit verba suorum,
Laudat et hoc studium, quod confugisset ad almum
300 In precibus dominum, quod lectio sancta placebat,
Tempore quo graviter terrens angustia pressit.
›Hoc servabis‹, ait, ›nec praetermiseris exhinc.
Inter multa quoque est psalmus perfectior unus,
Cui virtus moralis inest, post carmina constans
305 Septena atque decem centumque, hunc saepe reflectes.
Lectio quo legitur psalmique canuntur aperta
Veracique fide, iocundum munus habetur,
Talis et ad dominum utiliter devotio fumat
Atque serenatum hoc placat certamine Christum.‹
310 His igitur dictis assumens angelus idem
Infirmum duxitque via praecessor amoena.
Dum vadunt, montana vident, quae sidera tangunt,
Marmoris in specie pulchro commixta colore,
Quaeque in circuitu praecingens igneus amnis
315 Ambit, inexhaustos tribuens intrantibus ignes.
In quo multa nimis monstrata est turba reorum,
Inque locis aliis diversas facta sequentes
Agnovit poenas multosque recumbere dudum,

58

Stimmten sie an den Gesang und hoben die Hände zum Himmel,
Sangen zunächst die sieben Psalmen, die Lieder der Büßer[172],
280 Fügten kraftvoll hinzu noch manche Psalmmelodien,
Die solche Todesangst verlangt fortwährend zu hören.
Dann stand er auf vom Boden und setzte sich keuchend aufs Lager,
Bat, man solle ihm lesen die letzten Kapitel des Werkes,
Das als die »Zwiegespräche« des heiligen Gregor bekannt ist;
285 Dort hat jener manch Beispiel für Gottesdiener gesammelt,
Hat auch vieles darin vom Tod des Menschen geschrieben.
Daraus lasen sie ihm nun vor einen längeren Abschnitt,
Drauf sprach er: »Meine Brüder, jetzt geht zur Ruhe! Ihr müßt euch
Von der schweren Mühe durch sanften Schlummer erholen;
290 Laßt mir den restlichen Teil der Nacht, der nun noch verblieben,
Um den geschwächten Leib in traumlosem Schlaf zu erquicken!«
    Als sie darauf die ermatteten Glieder aufs Lager[173] gebreitet,
Wetti auch selbst nach so schrecklicher Qual für Körper und Seele
Ruhe zu finden hoffte, erschien, von der Höhe des Himmels
295 Hergesandt zu ihm, in weißen Gewändern der Engel,
Trat zu seinen Häupten – derselbe, der purpurbekleidet
Vorher zu Füßen gestanden und ihm die Schau eines Traumes
Hatte gebracht – jetzt sprach er ihn an mit freundlichen Worten,
Lobte auch seinen Eifer, daß er seine Zuflucht genommen
300 Im Gebet zu dem gütigen Herrn und fromme Lektüre
Sich gewählt in den Stunden, da schreckliche Angst ihn bedrängte.
»Daran halte fest«, sprach der Engel, »tu hinfort es immer!
Unter der Psalmen Zahl ist einer besonders vollkommen,
Der eine stärkende Kraft besitzt – er folgt in der Reihe
305 Auf Psalm Hundertundsiebzehn – ihn überdenke du oftmals!
Wo man solches liest und in wahrem, redlichem Glauben
Anstimmt den Psalmengesang, ist Gott die Gabe gefällig;
Uns zum Heile steigen empor zum Herrn diese Bitten[174],
Und solch eifriges Flehn stimmt Christus milde und gnädig.«
310   Also sprach der Engel und nahm dann mit sich den Kranken,
Ging als Geleiter voran und führt' ihn auf lieblichem Pfade.
Berge erblickten sie auf ihrem Weg, die die Sterne berühren
Und nach Art des Marmors schimmern in herrlichem Glanze;
Rings umströmt sie ein feuriger Fluß und umschließt sie im Kreise;
315 Jedem, der ihn betritt, bringt er nie erlöschende Gluten.
Eine gewaltige Schar von Sündern zeigte sich drinnen,
Und an verschiedenem Ort sah Wetti vielerlei Strafen
Je nach der Tat; er fand manchen, der erst vor kurzem herabkam[175]

Quos habuit notos; ibi maior et alter in undis
320 Ordo sacerdotum praefixo stipite vinctus
Terga dedit vinclis, quae curis carne superbis.
Contra quemque stetit mulier pro crimine stupri:
Fomes adulterii est consors poenalis Averni.
Tertia cum radios semper produxerit aura,
325 Dicuntur caedi genitalibus artubus ambo;
E quibus ille aliquos sese cognosse ferebat.
›Magna sacerdotum numero pars‹, angelus inquit,
›Lucra petunt terrena quibusque inhianter adhaerent,
Atque palatinis pereuntia praemia quaerunt
330 Obsequiis ornantque magis se veste polita
Quam radiis vitae, pomposis fercula mensis
Glorificare parant, animarum lucra relinquunt,
Delitiis ducti per scorta ruendo volutant.
Hac ratione alios neque se defendere possunt.
335 Peste fameque inopem possent solarier orbem,
Si tota virtute deo sua lucra referrent.
Hanc summam mercedis habent, qui talibus instant
Rebus, ut aeternam capiant in finibus iram.‹
     O patres, si pauca addam, ne spernite, quaeso!
340 Quid facit antistes? in ovile lupus ruit ullo
Non claudente fores, iacet ebrietate sepultus
Pastor. Adulterium in domini committere sponsam
Qualiter audebis? Thalamum usque inducere debes
Regis, et ipse thorum prior invasisse nec horres?
345 Miror avaritiam sacratum pectus habere.
Cui servas? resipisce, precor, non nascitur heres.
Quid cumulas? non quippe tuo sub iure tulisti,
Sed sunt dona dei, quae dispensare iuberis.
Nemo bono obsistit, si rectum velle tenebis.
350 Quid rapis et vendis Solimorum more columbas?
Valde cave, expulsum dominus ne torqueat acris
Verberibus pompasque truci condemnet Averno!
Cur tibi magnus eris? numerum si forte bidentum
Te recolis debere deo signare potenti,
355 Crebra sub occultum claudis suspiria pectus.
Si non damna doles, vercundia ducat ab igne.
Cumque videbis oves dextra, tu parte sinistra,
Esse tuas, nuper ductor nec terga sequeris
Pro cunctisque lues patiens incendia poenas.

Und den er kannte. Auch sah er Geistliche jeglichen Ranges
320 Dort in den Wellen stehn; sie boten, an Pfähle gebunden,
Ihren Rücken der Fessel, die quält die Sünder des Fleisches[176].
Jedem vor Augen stand die Frau, die teilhat am Laster,
Zunder zu schändlicher Glut[177], Gefährtin der Pein in der Hölle.
Immer jedoch, wenn der dritte Tag seine Strahlen heraufführt,
325 Werden, so heißt es, beide gepeitscht an ihrem Geschlechte.
Einige habe er deutlich erkannt, berichtete Wetti.
»Ein beträchtlicher Teil der Geistlichen«, sagte der Engel,
»Strebt nach irdischem Hab und Gut und hängt daran gierig,
Und sie suchen vergänglichen Lohn in Diensten am Hofe[178],
330 Schmücken sich mehr mit feinen Gewändern, statt leuchtendes Vorbild
Frommen Lebens zu sein[179]; die Gänge der üppigen Tafel
Rühmen sie und vergessen, die Seelen für Gott zu gewinnen,
Fallen und wälzen, von Dirnen verführt, sich im Schlamm ihrer Lüste:
So kann keiner mehr Fürsprecher[180] sein für sich und die andern.
335 Helfen[181] könnten sie doch der Welt in Krankheit und Hunger,
Wollten sie Gott nur bringen Gewinn mit all ihren Kräften[182].
Den Lohn haben am Ende die, die nach solcherlei Dingen
Trachten: sie fallen zuletzt anheim dem ewigen Zorne.«
    Väter, füg' ich ein Wort noch hinzu, so laßt mich gewähren!
340 Was tut solch ein Priester? Der Wolf bricht ein in den Schafstall[183];
Keiner schließt die Tür; von Trunkenheit überwältigt
Liegt der Hirte da[184]. Wie ein Buhler der Braut[185] deines Herren
Frevlerisch wagst du zu nahn? Du sollst in des Königs Gemach sie
Führen und wagst es, selbst vor ihm zu besteigen das Lager?
345 Seltsam, daß Habgier ergreift ein Herz, das Gott sich geweiht hat![186]
Schätze hüten – für wen? Bedenke, du hast keinen Erben!
Schätze häufen? Doch nicht für dich hast du sie erhalten[187];
Gaben sind es von Gott, deine Pflicht ist, sie zu verteilen!
Niemand hindert das Gute, ist rechter Wille am Werke[188].
350 Wozu fängst und verkaufst du nach Art der Händler die Tauben?
Hüte dich wohl, daß nicht mit harten Hieben dich forttreibt
Unser Herr und bestraft deinen Prunk mit den Schrecken der Hölle!
Weshalb willst du groß sein für dich? Bedenkst du nur, daß du
Vorweisen mußt dem allmächtigen Gott die Zahl deiner Schafe,
355 Tief wirst du dann im Herzen die vielen Seufzer verschließen[189].
Schmerzt dich der Schaden nicht, soll dich Scham vor dem Feuer bewahren!
Wenn du, zur Linken stehend, zur Rechten wirst sehn deine Schafe[190],
Kannst du ihnen, zuvor ihr Führer, nicht einmal folgen
Und mußt, duldend im Feuer, für alle die Strafen verbüßen.

360 Nolo tibi ille canat, praesul sacrate, propheta:
›Plebis erit similis stultae peccando sacerdos.‹
Laus gregis esse stude et caelestia regna mereris.
    Vidit et horrendum ligni lapidisque opus illic
Materia exstructum, castelli more locatum
365 Ordine confuso, fumo atque vapore repletum.
Territus his frater quaerens, quis mansor inesset,
Audiit inclusam monachum pro sorte catervam
Purgandi variis patriisque locisque manentum.
Hos inter speciale tenet discrimen et unus
370 Frater, in inlicitum cecidit qui crimen habendi,
Secretas cumulans iniusto pondere gazas.
Roboream ille habuit, quem plumbea possidet arca
Iudicii usque diem dubio sub fine vomendum.
Hac se fraude duo primo armavere iugales
375 Saffira et Annanias, communis vasa pericli.
De quo fratre prius cuidam, dum peste laborat,
Annos ante decem similis sententia visa est,
Dum raperetur in excessu, iamque illa vetustas
Delituit, donec memores revocentur ab isto.
380 Ille etiam, cui nunc patuit, non audiit ante.
Indicat iste locus vitium, quod saepe notatur,
Saepius hoc monachis magis ac magis esse cavendum,
Succidique iuvat, quod tantum pondus adauget.
O monache, esse cupis, quod te iam velle negasti,
385 Dives opum, cui nulla patrum hoc documenta dederunt,
Sed paupertatem, cuius pars Christus habetur.
Si vendis Christum, maneat quae, cerne, gehenna!
Liquisti commune bonum, furtumque peculi
Eligis; haud capies communi sorte coronam.
390 Tu tamen, omnipotens, proprios rege, ductor, alumnos!
    His visis celsum caelo montemque propinquum
Aspiciunt; tum ductor ait: ›Hac arce tenetur
Abbas, ante decem corpus qui liquerat annos.
Ventorum incursus tempestatumque furores,
395 Vim pluviae multumque ferens discrimen ibidem
Abluit, incauto quicquid neglexerat actu,
Laetus ut aeterni ducatur regis in aulam
Deliciasque sacrae sanctorum sedis in aevum
Obtineat, poenaque carens ubi vita sequatur.

360 Möge, geweihter Priester, nicht jener Prophet von dir sagen:
»Gleichen wird törichtem Volk durch seine Sünden der Priester«[191].
Sei deiner Herde Zier, so wird der Himmel dein Lohn sein!
    Auch einen schaudererregenden Bau aus Holz und aus Steinen
Sah er dort aufgeführt, nach Art von Burgen errichtet,
365 Ohne Ordnung gefügt; er quoll über von Rauch und von Dämpfen.
Angstvoll fragte der Bruder, wer diese Mauern bewohne.
Eingeschlossen sei drin eine Schar von Mönchen, vernahm er,
Sich zu reinigen hier, aus allen Ländern und Orten.
Dort fällt auf ein Bruder durch seine besondere Strafe:
370 Er war nämlich dem Laster verbot'nen Besitzes verfallen,
Häufte für sich die sündige Last seiner heimlichen Schätze[192].
Hatte er einst einen Kasten aus Holz, so umschließt ihn jetzt selber
Einer aus Blei bis zum Tag des Gerichts, zu fraglichem Ende.
Griff doch zu derlei Betrug zuerst jenes Paar, Ananias
375 Und Sapphira, Gefäß der Gefahr für die Christengemeinde[193].
Schon zehn Jahre zuvor hat jemand ein ähnliches Urteil,
Als die Pest ihn befiel, über diesen Bruder vernommen,
Seinem Leib in Ekstase entrückt; doch längst war vergessen
Jene Warnung, die jetzt erneut ins Gedächtnis gebracht ward[194].
380 Wetti, der das nun vernahm, hatte nie zuvor es erfahren.
Dies besagt: Es müssen, da oft dieses Laster gerügt wird,
Öfter noch, mehr und mehr, davor sich hüten die Mönche,
Und es ist gut, zu beschneiden, was solche Last nur vergrößert.
Mönch, du begehrst zu sein – worauf Verzicht du gelobt hast –
385 Reich an Besitz; doch das ist nicht die Lehre der Väter;
Armut lehrten sie dich und Christus selbst als ihr Erbteil[195].
Wenn du Christus verkaufst, sieh nur, welche Pein dich erwartet!
Läßt du gemeinsames Gut und wählst des Eigenbesitzes
Diebstahl, so wirst du nie in Gemeinschaft die Krone[196] erlangen.
390 Du aber leite, allmächtiger Herr, die Jünger, die dein sind!
    Dann erblickten sie dort einen hohen Berg, der zum Himmel
Ragte empor. Der Geleiter sprach: »Auf dem Gipfel des Berges[197]
Ist gefangen ein Abt[198], zehn Jahre schon fern seinem Leibe;
Wut der Winde erleidet er nun und das Tosen der Stürme,
395 Auch die Gewalt des Regens und mancherlei Qual[199]; denn da oben
Läutert er sich von der Schuld, die unbedacht er begangen,
Daß er freudig zum Hof des ewigen Königs gelange,
Ohne Ende dereinst die Wonnen der himmlischen Wohnung
Schauen darf, wo ein Leben, das Leid nicht kennt, ihn erwartet.

Angelus haec addit, quidam quod praesul eundem
Deberet precibus factisque iuvare benignis,
Ante dies multos ceu demandaverat ipsi
Legato ostensus, quem tunc per somnia ferre
Hortatur sibi dicta patri; sed episcopus ille
405 Esse ratus soliti mendacia inania somni
Ludendo excepit dispecto fratris amore,
Mente piger, nec corde sagax, succurrere tardus.
Vi tormentorum iam nunc succumbit amare
Sortiturque suas proprio pro crimine poenas.

410 Ad quem frater: ›Ubi, quem dicis, clauditur?‹ inquit;
Dixerat: ›Ex alia montis male parte tenetur.‹
At nos quae paucis dedimus iam somnia verbis,
Monstramus per verba viri, qui haec ipse videbat.

›Orsus‹, ait, ›dormire casa squalente videbam
415 Disposito sedisse loco, quem diximus ante,
Abbatem surasque et crura cruore fluentes.
Labitur in vocem: ›Fili, fer dicta patrono.
Respicis hanc aedem; bini coluisse iubemur
Informem socii, duo namque lavare suescunt
420 His comites sese nantes in gurgite thermis

Resperguntque domum hanc loetalis pestis odore,
Ut miseri citius pellantur ab aede coloni.
Ad loca sanctorum, pete, mittat ut ille virorum,
Deposcens, quod gratis agunt, solatia ferre,

425 Reprimere ut possit, paries ubi nullus habetur,
Inmensum foetoris onus relevetque dolores.
Haec, mi nate, precor, non oblivisceris haec tu‹.‹
Post haec antistes dum cuncta ex ore ferentis
Audiit, ›Haec‹, inquit, ›fantasmata credo fuisse,
430 Idcircoque fidem verbis non commodo fictis‹.
Credere quae renuit, haec angelus iste resignat,
Quippe quod ammonitus functis incredulus extans
Auxilium conferre precis tardaret egenti,
Atque ideo propriis fruitur sine munere poenis.
435 Denique quod paucis visum percurrimus odis,
Ante nec audivit, qui nunc renovata revexit
Et velut ad superos imo devexit abysso.
Annuit iste locus multum pia vota mereri,

400 Außerdem fügte der Engel hinzu, es hätte ein Bischof[200]
Durch sein Gebet ihm helfen sollen, durch Taten der Liebe;
Anempfohlen hatte er dies ihm schon durch ein Traumbild
Lange zuvor, in dem er einst einem Boten[201] erschienen,
Hieß ihn dem Vater die Worte berichten, doch sah jener Bischof
405 Eines gewöhnlichen Traumes Hirngespinste in all dem;
Lachend nahm er es auf, mißachtet die Liebe zum Bruder,
Matt im Geiste, im Herzen ein Tor, zu träge zum Helfen.
Bitter leidet er jetzt schon an unerträglichen Qualen[202],
Und er erhält seine Strafe, die eigene Schuld ihm bereitet.

410 »An welchem Ort«, so fragte der Bruder, »ist jener gefangen?«
Drauf der Engel: »Er büßt an anderer Stelle des Berges.«
Aber wir, die wir kurz des Traumbilds Weisung erwähnten,
Melden sie nun nach dem Wort des Mannes, der selbst es gesehen.

Und er berichtet: »Ich sah im Traum eine schmutzige Hütte,
415 Drinnen auf seinem Platze den Abt, den zuvor schon genannten;
An den Schenkeln und Beinen gewahrt' ich, wie Blut ihm herabfloß.
Laut rief er aus: ›Mein Sohn, überbring deinem Herrn diese Botschaft;
Richte ihm aus, daß hier – du siehst ja den Ort – wir zu zweien
In diesem Schmutz müssen wohnen, weil auch zwei Grafen gewöhnlich
420 Hier im heißen Bade sich waschen und schwimmen im Strudel;

Rings bespritzen die beiden das Haus mit giftigem Pesthauch,
Um die armen Bewohner von ihrem Sitz zu vertreiben.
An die Stätten heiliger Männer soll er sich wenden,
Dort erbitten den Trost, der um Gotteslohn wird gegeben;
425 Retten kann er uns so, wo keine Wände uns schützen,
In der Bedrängnis und lindern den schlimmen Gestank und die Leiden.
Halte dies fest, mein Sohn, laß es nicht dem Gedächtnis entschwinden!‹«
Als der Bischof danach all dies aus dem Munde des Boten
Hörte, da sprach er: »Trugbilder, meine ich, sind es gewesen;
430 Glauben vermag ich nicht solchen Lügenworten zu schenken.«
Wieder enthüllte der Engel jetzt, was der Bischof verworfen,
Weil er ungläubig blieb, wiewohl die Toten ihn mahnten,
Seines Gebetes Hilfe verweigerte dem, der in Not war,
Und dafür ohne Gnade verbüßt die gebührende Strafe[203].

435 Diese Schau, die wir hier in wenigen Versen durcheilten,
Hatte zuvor nie gesehn, der sie nun von neuem berichtet
Und aus der Tiefe des Abgrunds empor sie gleichsam ans Licht hob.
Dieser Bericht bestätigt die Wirkung frommen Gebetes;

Fidere sed noli post vitae tempora solvi
440 Alterius per verba focos, quos colligis ipse
Actibus ex pravis. Licet intercessio purget
Crimina multorum, tamen hac securus haberi
Nemo potest, quia quo nescit sua pondere facta
Pensentur. Quapropter ego esse mihi utile dico,
445 Quod gessi, purgare prius; sua quemque sequentur.
     Contemplatur item quendam lustrata per arva,
Ausoniae quondam qui regna tenebat et altae
Romanae gentis, fixo consistere gressu
Oppositumque animal lacerare virilia stantis;
450 Laetaque per reliquum corpus lue membra carebant.
Viderat haec, magnoque stupens terrore profatur:
›Sortibus hic hominum, dum vitam in corpore gessit,
Iustitiae nutritor erat saecloque moderno
Maxima pro domino fecit documenta vigere
455 Protexitque pio sacram tutamine plebem
Et velut in mundo sumpsit speciale cacumen,
Recta volens dulcique volans per regna favore.
Ast hic quam saeva sub conditione tenetur,
Tam tristique notam sustentat peste severam!
460 Oro, refer!‹ Tum ductor: ›In his cruciatibus‹, inquit,
›Restat ob hoc, quoniam bona facta libidine turpi
Fedavit, ratus inlecebras sub mole bonorum
Absumi, et vitam voluit finire suetis
Sordibus. Ipse tamen vitam captabit opimam,
465 Dispositum a domino gaudens invadet honorem.‹
     Ammonet hic hominem, qui dignis moribus horas
Has servare cupit, ne quodam crimine cuncta
Perdat et omne probum fundat vastante ruina.
Talis aquas haurit pertuso vase receptans,
470 Quodque diu inmisit, sorbente foramine linquit.
Est labor iste gravis, malus atque miserrimus, ex quo
Semper habet damnum, numquam mercedis honorem.
Omnibus in rebus vitam moderetur in arvis,
Qui cupit in caelis regnum retinere perenne.
475 Illic magnificis conspexit munera pompis
Daemonis in manibus iam praesentanda parari,
Pallia et in vasis auri argentique metallum;
Et lini obsequitur candentia fila caballus
Plurimus, hunc ornat species fulgentis habenae.

Doch verlasse dich nicht darauf, daß am Ende des Lebens
440 Eines andern Gebet dir löscht den Brand, den du selber
Dir durch die Sünden entfachst! Mag auch die Fürbitte sühnen
Mancher Vergehen, so kann doch keiner sicher und sorglos
Leben, denn niemand weiß, mit welchem Gewicht seine Taten
Einst gewogen werden. Drum ist's, so meine ich, heilsam,
445 Vorher die Sünden zu büßen; es folgt seine Schuld einem jeden[204].
    Nun sah Wetti auf jenen Gefilden[205] einen, der einstmals
König Italiens war, des erhabenen römischen Volkes[206],
An seinem Platze stehn – er wich keinen Schritt von der Stelle –;
Ihm gegenüber ein Tier, das die Teile der Scham ihm zerfleischte;
450 Sonst aber war sein strahlender Leib verschont von der Seuche.
Ehe er dies begriff, sprach Wetti voller Entsetzen:
»Recht und Gerechtigkeit hat dieser Herrscher gemäß seiner Stellung
Kraftvoll, solange er lebte, gefördert, in unseren Zeiten
Auch gestärkt im Dienste des Herrn die Lehre des Glaubens;
455 Redlich und fromm gewährte er Schutz dem heiligen Volke,
Leuchtend stand er in dieser Welt auf ragendem Gipfel[207];
Recht war sein Ziel, beglückender Ruhm aber trug seinen Namen
Überall hin. Doch hier, welch schweres Los drückt ihn nieder!
Und so gräßlich leidend muß harte Strafe er dulden!
460 Sag mir, weshalb!« Der Geleiter sprach: »Diese Qual muß er leiden,
Weil er durch schändliche Wollust die guten Taten besudelt
Und geglaubt hat, es tilge die Menge des Guten die Lüste;
Deshalb gedachte er so in gewohnter Sünde zu leben
Bis an sein Ende; doch wird er das selige Leben erlangen;
465 Freudig wird er empfangen die Ehre, die Gott ihm bestimmt hat.«
    Mahnung ist er für den, der unversehrt dieses Leben
Will durch geziemenden Wandel bewahren, nicht zu verlieren
Alles durch **eine** Schuld[208] und das Gute im Sturz zu vernichten.
Wasser schöpft ein solcher mit einem lecken Gefäße[209],
470 Alles rinnt durch das Loch, was in langer Zeit er hineinfüllt.
Mühselig ist dieses Tun, ist schlecht und elend; von ihm hat
Schaden er nur, aber nie die Ehre einer Belohnung.
Drum soll maßvoll in allem sein Leben führen auf Erden,
Wer im Himmel dereinst das ewige Reich will erlangen.
475   Wetti erblickte an jenem Ort in den Händen des Teufels
Reiche, herrliche Gaben, bestimmt für staunende Blicke:
Prachtgewänder, Gefäße, aus Gold und Silber gefertigt;
Pferde, unzählige, folgten den weißen Fäden der Leinen,
Und sie waren geschmückt mit dem Glanz ihrer funkelnden Zügel.

480 Tum rogat, haec cuius hominum de parte venirent
Quidque figurarent. Tali sermone rependit
Angelus: ›Haec comitum sunt per diversa manentum
Regna soli, iniuste legalia iura regentum,
Quatenus huc ducti inspiciant, quod cuncta rapinis
485 Collegere avidoque minores ore vorabant.‹
Nomina quorundam manifeste protulit ex his,
Dixit et haec numquam finiri dona, priusquam
Quisque sinum in proprium praeventus morte receptet,
Quicquid ad hospicium aeternae transmiserat aulae.
490 Quam vero horrendo comitum sermone profanam
Intulerit vitam, nullus narrare redundat.
›Non scelerum ultores, Satanae sed habentur amici.
Illorum quidam multis stringendo periclis
Afficiunt homines, iustos damnare reosque
495 Iustificare viros contempta lege solentes,
Furibus adnexi vitiumque per omne sodales,
Muneribus capti, qui pro mercede futura
Nil faciunt, sed cum quaedam sub lege coercent
Debita iustitiae, furiunt pietate carentes.
500 Ardor avaritiae nescit concedere quicquam,
Sed totum extorquet totumque ad Tartara mittit,
Accumulans iram, cum venerit hora furoris.
Iustitiam numquam vitam quaerendo beatam
Impendunt, et quam gratis praebere iubentur,
505 Venalem portant, animam pro pignore dantes.‹
Iudicio quosdam iam nunc succumbere dixit,
Dixerat ut dominus de non credentibus olim:
›Iudicium sumpsit, quicumque incredulus extat.‹
Iam satis est dictum; felix, qui corde reservat:
510 Ne sit amor nummi maior quam mansio caeli.
Grandis abundantes subito comprendet egestas.
O comites, cuius comites perpendite sitis!
Christus ait: ›Quicumque polum conscendere quaerit,
Debet in angusto gressum configere calle.‹
515 Servus item mortis vestigia lata sequendo
Vergit in aeternum miseris ploratibus ignem.
Omnia mutantur, nunc tristes laeta tenebunt;
Quos gaudere libet, tristes trudentur in umbras.
Quod placet, ingredere; est melius tunc laeta tenere.
520 Vidit et innumeras diversa sorte phalanges

480 Wetti fragte, aus welchen Mannes Besitze sie kämen
Und was ihre Bedeutung sei. Da erwidert der Engel:
»All das ist der Besitz von Grafen aus mancherlei Gauen,
Welche die ihnen verliehene Macht mißbrauchten durch Unrecht;
Hierher müssen sie kommen und sehn, daß durch Raub sie dies alles
485 Sammelten und die Schwächeren fraßen mit gierigem Maule.«[210]
Namen brachte er vor von manchen und nannte sie offen,
Fügte hinzu, nie werde versiegen der Strom dieser Gaben,
Ehe nicht jeder, vom Tode ereilt, selbst komme und hole,
Was er hierher gesandt zum ewigen Königspalaste.
490 Doch mit welch schrecklichem Urteil der Engel das sündige Leben
Dieser Grafen bedachte, kann keiner erschöpfend berichten:
»Nicht der Verbrechen Rächer sind sie, nein, Freunde des Satans!
Manche bringen die Menschen durch Zwang in arge Bedrängnis,
Sprechen gar oft Gerechten das Urteil, schuldigen Männern
495 Aber geben sie Recht und verachten so die Gesetze[211],
Schließen Dieben sich an, sind Genossen jeglicher Untat,
Durch Geschenke bestochen; für Lohn im Himmel dagegen
Tun sie nichts; doch wenn sie bisweilen Strafen verhängen,
Die das Gesetz verlangt, dann wüten sie ohne Erbarmen[212].
500 Leidenschaftliche Habgier vermag auf nichts zu verzichten;
Alles raubt sie für sich und sendet alles zur Hölle,
Wie einen Schatz häuft sie den Zorn für die Stunde des Zornes[213].
Niemals üben Gerechtigkeit sie, nur um selig zu werden,
Nein, das Recht, das unentgeltlich sprechen sie müßten[214],
505 Käuflich machen sie es und geben die Seele zum Pfande.«
Einige, sprach der Engel, verfielen schon jetzt dem Gerichte,
Wie ja einst unser Herr gesagt über die, die nicht glauben:
»Jeder, der den Glauben nicht hat, der ist schon gerichtet.«[215]
     Damit ist alles gesagt; wohl dem, der's im Herzen bewahret:
510 Niemals locke der Mammon dich mehr als die Wohnung im Himmel[216]!
Unerwartet wird bittere Not die Reichen befallen[217].
O ihr Grafen, bedenkt, zu wessen Gefolge ihr zählet!
Christus spricht: »Wer immer auch will zum Himmel gelangen,
Muß den schmalen Pfad mit festem Schritte betreten.«
515 Wer, dem Tode verfallen, die breite Straße erwählt hat,
Gleitet ins ewige Feuer hinab mit verzweifelten Klagen[218].
Alles wandelt sich: Wer trauert, wird Freude erfahren[219],
Wer seine Lust jetzt hat, wird stürzen in trauriges Dunkel[220].
Wähl deinen Weg! Wohl dir, wenn am Ende die Freuden du findest!
520   Zahllose Scharen erblickte er dort, verschiedenen Schicksals,

De monachis gradibusque aliis populique senatu,
De variisque locis longe patriisque remotis,
Hos gaudere hilares, illos frendere gementes:
Hos paradysus habet, discindit Tartarus illos.
525   His visis multisque aliis, quae scribere longum est
Quaeque stilus currens stricta brevitate reliquit,
Ducitur ad quaedam praepulchrae moenia sedis,
Quae naturali consistere mole ferebat –
Hoc opus inmenso nituit splendore coruscans,
530 Arcubus effulgens variisque ornatibus aureis,
Argentique gerens multum structura metallum
Praebuit arte oculis anaglifa pascere mentem –
Moenia, quae tantum latam longamque tenebant
Mensuram pulchrumque statum, mirabile factum,
535 Altaque per volucres pandebant culmina ventos,
Quantum nulla potest intentio mentis in usum
Claudere tractandi nec quis sermone fateri
Aut operi tanto veracem aptare staturam
Aut decus excellens veris disponere verbis.
540   Haec cernunt fratrique sacer tunc angelus illi
›Cras migrabis‹, ait, ›vitae confinia linquens
Terrenae; tamen interea certabimus ambo
Pro pietate preces sanctis prosternere Christi,
Ut vel parva tuis fiat concessio factis.‹
545   Inde beatorum parili venere volatu
Sedes usque sacerdotum, quis fulgidus ordo
Captat onus meriti iugique potitur honore.
Angelus ›Hos‹, inquit, ›secum dominator opimis
Ditavit meritis, ideo enarrare coronam
550 Nemo potest, qua quisque nitet, cui Christus obumbrat
Et quibus officia ornatas praebetis ad aras.
Hos rogitemus apud dominum intercedere pro te.‹
Tunc pedibus venerandorum subnixus uterque
Unius illecebras precibus relevare precatur.
555 Nec mora, sanctorum pariter consortia surgunt
Aggressique thronum Christum petiere iacentes,
Ut potius laxare velit quam digna referre.
Tum reboat de sancta vox testudine dicens:
›Debuit exemplis multos incendere fratres,
560 Sed torpore madens desivit ferre laborem.‹
Hinc responsa silent vocemque emittere cessant.

Mönche, Leute anderen Standes, auch aus dem Volke,
Stammend von vielerlei Orten, aus weit entlegenen Ländern,
Diese in heiterer Freude, doch jene knirschend und stöhnend;
Diese besitzt der Himmel, und jene martert[221] die Hölle.

525 Nach all dem und vielem, wovon zu berichten zu weit führt,
Was der eilige Griffel der Kürze halber hier wegläßt,
Ward zu den Mauern er hingeführt eines herrlichen Baues[222],
Von der Natur, wie er sagte, selbst gefügt und errichtet –
Hell erstrahlte das Werk in unermeßlichem Glanze,

530 Prachtvoll mit Bogen geziert und reich an goldenem Schmucke;
Auch des Silbers Metall trug dieses Bauwerk in Fülle,
Ließ durch den Anblick der Bildhauerkunst das Herz sich erfreuen –
Mauern, die solch gewaltiges Maß in Höhe und Breite
Zeigten – ein Wunderwerk! –, dazu so herrliche Formen,

535 Und ihre Giebel so hoch zu den flüchtigen Winden erstreckten,
Daß kein Sinnen des Menschenverstands es je kann erfassen,
Um zu künden davon, und niemand vermag zu beschreiben
Oder zu rühmen die wahre Größe des mächtigen Werkes
Und die erhabene Pracht mit rechten Worten zu schildern.

540 Als sie dies sahen, erklärte der heilige Engel dem Bruder:
»Morgen wirst du gehn und des Lebens Grenzen verlassen
Hier auf Erden; derweil aber wollen wir beide voll Eifer
Um Erbarmen flehn im Gebet bei den Heiligen Christi,
Daß ein wenig auch nur deinen Taten Vergebung gewährt wird.«

545 Dann gelangten die beiden in gleichem Flug zu den Stätten
Heiliger Priester hin, deren leuchtende Schar der Verdienste
Reichen Lohn empfängt und unvergängliche Ehre.
»Diese«, so sprach der Engel, »hat Gott mit herrlichen Gaben
Hier beschenkt, und niemand vermag zu beschreiben die Krone,

550 Durch die alle erstrahlen, die Christus schützend beschattet[223]
Und die an festlich geschmücktem Altar ihr in Andacht verehret[224].
Laß uns diese um Fürsprache nun beim Herrn für dich bitten!«
Beide warfen sich da den Verehrten zu Füßen und baten,
Mittler zu sein und des einen Sündenlast zu erleichtern[225].

555 Rasch erhob sich die Schar der Heiligen, trat zu dem Throne[226],
Warf sich nieder und wandte sich flehend an Christus, er möge
Wetti eher vergeben als nach Verdienst ihm vergelten.
Da erscholl eine Stimme herab vom heiligen Throne[227]:
»Mitzureißen die Brüder durch Beispiel war er verpflichtet,

560 Doch aus Trägheit[228] gab er es auf, seine Bürde zu tragen.«
Dann verstummte die Stimme, kein Laut war mehr zu vernehmen.

Angelus haec inter fraterque in parte steterunt
Eminus, et sancti sedes cum pace revisunt.
Ipse Dionisium, Hilarium sanctosque ferebat
565 Martinum Anianumque suas cognosse fenestras.
Qualiter agnovit, quos numquam corpore vidit?
Sed sperare datur, quod vel sermone beati
Haec ducis audiret vel, quae sibi gratia cuncta
Monstrarat, quosdam faceret cognosse silenter.
570   Tunc hortante iterum gressum ductore retorquent
Ad sedesque viam nitidas pressere resumptam,
Gloria martyribus quo pollet opima beatis.
Credere non poteris speciem numerumque quot essent.
›Hos‹, ait, ›invictus tulit haec in regna triumphus,
575 Hos etenim terris caelesti laude tenetis,
Hos precibus commissa suis tua solvere sanctis
Poscamus.‹ Statimque sacra ad vestigia sese
Proiciunt, citiusque sacer consessus ab inde
Surgit et ante dei auratam prosternitur aulam,
580 Dimitti peccata rogans. Vox sede recurrit:
›Si, quos prava docens peccati felle fefellit
Deque via in praeceps inlex commisit abire,
Hos iterum revocat, solventur debita gratis.‹
Inquiruntque modum, quo crimina solvere possit,
585 Qualiter ex aliis pravae miserabile virus
Doctrinae eximeret. Tum vox processit ad illos:
›Convocet hos omnes, quorum per inania mentes
Dogmata pervertit, nocuit vel in actibus umquam,
Aut quibus exemplum dicti vel praebuit actus,
590 Quo vitam moresque suos corrumpere possent.
Et se sternat humo dicatque per omnia sese
Esse reum, gessisse male et docuisse patenter.
Sic veniam exposcat statimque adstantibus addat:
›Vos precor, o nati, domini per numina summi,
595 Per sanctosque viros‹, addens, ›animasque beatas
Caelicolasque omnes, repetat ne crimina quisquam
Haec vestrum tradatque alii faciensve docensve‹.‹
En patet, alterius quantum qui polluit actus
Desipiat, vel in exemplo seu dogmate pravo.
600 Qui malus est, multos secum invitare suescit,
Et tamen e cunctis scelerum commertia sumet;
Infelix sua ferre nequit, maiora requirens.

Derweil standen fern auf der Seite²²⁹ der Engel und Wetti;
Und die Heiligen kehrten in Frieden zurück zu den Sitzen.
Sankt Dionys, Hilarius, Martin und Anianus²³⁰
565 Habe er dort, sagte Wetti, gesehn mit eigenen Augen.
Wie erkannte er die, die er niemals leiblich erblickt hat?
Doch die Hoffnung besteht, daß er dies durch des heiligen Führers
Worte erfahren hat oder daß in der Stille die Gnade,
Die ihm alles gezeigt, die Namen mancher ihm nannte.
570 Wieder wandten die Schritte sie dann auf Weisung des Engels
Und betraten den Weg, der führt zu den strahlenden Stätten,
Wo den heiligen Märtyrern reiche Ehre zuteil wird.
Glauben wirst du mir nicht ihre Zahl und die Schönheit des Anblicks.
»Sie führte höchster Triumph in dieses Reich«, sprach der Engel,
575 »Sie bedenkt ihr ja auch auf Erden mit himmlischen Ehren,
Sie laß uns nun darum bitten, mit frommem Gebete zu lösen
Deine Schuld!« Und sie fielen sogleich vor den Heiligen nieder.
Und alsbald erhob sich von dort die hehre Versammlung,
Warf sich nieder zu Boden vor Gottes goldnem Palaste,
580 Um Vergebung bittend. Vom Thron erscholl diese Antwort:
»Ruft er zurück, die er einst durch falsche Lehre betrogen
Hat mit der Sünde Gift²³¹ und vom rechten Weg ins Verderben
Lockend geführt, so wird die Schuld ihm gnädig erlassen.«
Wie er, wollten sie wissen, die Schuld wiedergutmachen könne,
585 Wie er das elende Gift verkehrter Lehre entfernen
Könne bei andern. Darauf ertönten von drinnen die Worte:
»Alle rufe er her, deren Sinn er durch nichtige Lehren
Irregeführt oder denen er jemals durch Taten geschadet
Oder in Wort und Tat je hat ein Beispiel gegeben,
590 Das ihr Leben und ihre Sitten konnte verderben.
Nieder soll er sich werfen und soll erklären, in allem
Sei er schuldig und habe schlecht gelehrt und gehandelt.
So soll er bitten um Nachsicht, sogleich auch allen verkünden:
›Euch fleh' ich an bei der Macht des höchsten Herrn, meine Söhne,
595 Bei den heiligen Männern, den seligen Seelen und allen
Himmelsbewohnern: es darf diese Sünde nie wiederholen
Einer von euch und sie weiterführen in Tat oder Lehre!‹«
Siehe, dies zeigt dir deutlich, wie töricht ist, wer das Handeln
Seines Nächsten verdirbt durch falsches Wort oder Beispiel.
600 Jeder, der schlecht ist, pflegt gar viele um sich zu versammeln,
Doch er erhält von allen den Lohn der Sünden; der Arme
Trägt seine eigene Bürde nicht, begehrt aber mehr noch!

Interea a longe bini de parte steterunt;
Ecce Sebastianum magno splendore micantem
605 Atque Valentinum specie cognovit aperta.
    Inde etiam aversi sancto ducente catervas
Virgineas adeunt, ubi splendor luce corusca
Summus adornavit nitidis consessibus ipsas.
›Sunt‹, ait, ›hae sanctae, quarum sub honore tonantis
610 Nomina divinis colitis famulatibus; ipsas
Pro longa ad dominum vita praemittere praestat.‹
Sic ait, et pedibus sese prosternere certant.
Protinus assurgunt citiusque ad limina pergunt
Celsa throni longam fratri deposcere vitam.
615 Sed prius orantes quam se prosternere possent,
Obvia maiestas Christique inmensa potestas
Elevat inclines miro splendore nitescens,
Qualis ab humanis cerni agnoscique figuris
Numquam posse datur, certant ut bella fidei.
620 Mitis ad adstantes Christus dat verba puellas:
›Iusta docens si recta gerat dignumque ministret
Omnibus exemplum revocans ad moenia vitae,
Quos adversa docens aeterno prodidit igni,
Tunc vester praestabit honor, quod cuncta remittam.‹
625 O meritum sublime tuum, sanctissima mater,
Virginitas, quae casta poli terraeque supremum
Imperium retines, domino quae proxima Christo
Aeternam super astra domum inviolata locasti!
Sola quidem celebs tantum cognomen habebit,
630 Et corrupta tamen si se post crimina saltim
Convertens anima ad dominum summissa recurrit,
Praemia certa manent, sed nomine in aeva carebit.
    His igitur gestis facili discedere gressu
Incipiunt, itinerque suum sacer angelus istis
635 Prosequitur dictis: ›Quantis humana volutet
Progenies vitiis, o quis narrare valebit?
Nam licet a domino numerosa peste laborans
Abscedat genus humanum factore relicto
Atque iugo Satanae sua colla gravare suescat,
640 Nulla tamen tanto peccata furore creator
Vindicat offensus, quam quae contraria constant
Naturae, quod quisque nefas vitare laboret.
Quapropter cunctos nimium certare necesse est,

Unterdessen standen die beiden fern auf der Seite;
Siehe, Sebastian, in lichtem Glanze erstrahlend,
605 Auch Sankt Valentin erkannt' er in klarer Erscheinung[232].
    Wieder wandten sie sich und gelangten durch Führung des Engels
Hin zu der Jungfrauen Scharen. Es schmückte mit strahlendem Lichte
Hellster Glanz sie dort auf ihren schimmernden Thronen.
»Heilige Frauen«, so sprach der Engel, »sind dies, deren Namen
610 Ihr zu des Höchsten Lob im Gottesdienste verehret.
Senden wir sie zum Herrn, langes Leben dir zu erbitten!«
Sprach's, und eilends warfen sich beide den Frauen zu Füßen.
Gleich erhoben sich diese und schritten rasch zu der hohen
Schwelle des Throns, um für Wetti um langes Leben zu flehen.
615 Aber noch ehe sie bittend zu Boden werfen sich konnten,
Trat die Hoheit und Allmacht Christi ihnen entgegen,
Hob die Gebeugten empor, in herrlichem Glanze erstrahlend,
Wie er von Menschengestalten nie erkannt und gesehen
Werden kann – um dies wird in Glaubenskämpfen gestritten[233].
620 Huldvoll sprach der Herr zu den Jungfraun, die vor ihm standen:
»Wenn er nun richtig lehrt und handelt und allen ein rechtes
Beispiel gibt und sie so zur Stadt des Lebens zurückruft,
Die er durch falsche Lehre dem Feuer, dem ewigen, preisgab,
Wird eure Ehre erwirken, daß ich ihm alles erlasse.«
625 Dein erhabnes Verdienst sei gepriesen, heiligste Mutter,
Deine Jungfräulichkeit! Du hast, o Reine, im Himmel
Und auf Erden die höchste Macht, die du Christus am nächsten
Über den Sternen unversehrt hast Wohnung genommen.
Nur eine Jungfrau kann diesen Ehrennamen erlangen;
630 Aber wenn eine, befleckt, sich bekehrt nach ihren Vergehen
Und ihre Zuflucht nimmt zum Herrn in Ergebung und Demut,
Bleibt ihr sicherer Lohn, doch den Namen verliert sie auf immer.
    Als dies nun geschehn, gingen leichten Schritts sie von dannen,
Und es begleitete seinen Gang der heilige Engel
635 Mit den Worten: »In welcher Zahl von Lastern sich wälzet
Das Geschlecht der Menschen, ach, wer vermag das zu sagen?
Mag sich auch dieses Geschlecht, das an zahllosen Krankheiten leidet,
Noch so sehr von seinem Herrn und Schöpfer entfernen[234]
Und dafür mit des Satans Joch seinen Nacken beschweren[235],
640 Straft doch keine Sünde mit solchem Zorne der Schöpfer,
Wird er vom Menschen gekränkt, wie jene Schuld, die sich richtet
Gegen die Natur[236]; diesen Frevel meide ein jeder!
Deshalb müssen alle mit ganzer Kraft darum ringen,

Ne subeat mater scelerum Sodomita libido
645 Et templum domini mutetur in horrida nigri
Serpentis delubra, quibus se degere gaudet.
Sordida non tantum hic morbus contagia praebens
Inficit alternas, maribus dum turpiter instat,
Commaculatque animas ardente cupidine stupri,
650 Verum multiplici thalamum violare iugalem
Adsolet inluvie, rabiem dum quique sequentes
Luxuriae instinctu violenti daemonis acti
Naturae concessa suis stimulante relinquunt
Coniugibus luxu licitumque in stupra calorem
655 Vertentes Satanae incedunt hostile lupanar.
Unde tibi iubeo auctoris de nomine nostri,
Ista palam referens ut clara voce revolvas,
Nec celare velis, quantum discrimen adhaeret
Esse subinductas mulieres pluribus aptas.
660 Tempore nam quanto tam foedis sordibus instant,
Non capiunt aditus caeli vitamque beatam.‹
        O quicumque malis cupimus nos subdere tantis,
Incidat in mentem tormenti poena futuri!
Dulcis enim est animo carnique insana voluptas,
665 Durior heu miseri gravibus plangoribus ignis
Tunc veniet, cum finis erit, qui quemque sequetur.
Quaeso, probare velis, digitum si ferre per ignem
Hunc facilem possis; certe sufferre recusas.
Qualiter aeternum tota cum mole calorem
670 Corporis incedis, quo vermis et ignis in aevum
Consistunt vitiisque vicem dant omnibus atram?
        Tunc Wettinus ait: ›Domine, haec proferre pavesco;
Vilis enim persona mihi est nec congruit isti
Indicio, quod ad humanas transmittitur aures.‹
675 Angelus e contra magnam promotus in iram
Incusat: ›Quod summa dei sententia iussit,
Non audes proferre pigro torpore retentus?‹
        Tum satis ammonuit proprios componere mores
Atque suam radiis vitam inlustrare beatis,
680 Adiungens: ›Ego sum, qui te servare iubebar,
Angelus et custos rerum persisto tuarum.
Quem scriptura vetus Samsonem vulgat in orbem,
Huius in auxilio semper mansisse solebam,
Et miranda favente deo complevimus ambo.

Daß nicht Sodomie, die Mutter der Laster, sich einschleicht
645 Und der Tempel des Herrn sich wandelt zur greulichen Stätte
Jener schwarzen Schlange; mit Freuden nimmt sie dort Wohnung.
Diese Krankheit vergiftet nicht nur mit verderblichem Einfluß,
Wenn sie in schändlicher Weise die Männer befällt, ihre Seelen
Und befleckt sie beide durch brennende Gier nach der Unzucht,
650 Nein, das eh'liche Bett zu entehren in vielfacher Schande
Pflegt sie gar oft, wenn solche, dem geilen Drange nur folgend
Und vom teuflischen Stachel des wilden Dämons getrieben,
Das, was doch der Natur gewährt durch Besitz ihrer Frauen,
In ihrer Gier verschmähn und erlaubte Glut und Erregung
655 Zuchtlos mißbrauchen und so das Bordell des Teufels betreten.
Drum gebiete ich dir im Namen unseres Herren,
Daß du offen all dies mit lauter Stimme verkündest,
Ebenso nicht verschweigst, mit welcher Gefahr es verbunden,
Wenn einer heimlich die Frauen holt, die für viele bereit sind.
660 Denn solang man verharrt im häßlichen Schmutz dieses Lasters,
Ist der Zugang zum Himmel verwehrt und das selige Leben.«
    Jeder von uns, der sich solchen Lastern will unterwerfen,
Soll die Strafe künftiger Qual im Geiste bedenken!
Süß nämlich ist für das Herz und den Leib die maßlose Wollust;
665 Ach, nur zu hart wird unter den Klagen des Armen das Feuer
Dann ihm nahn, wenn das Ende kommt, das jeden erwartet.
Bitte, versuche doch nur, ob den Finger du durch das Feuer
Führen kannst leichthin! Es zu dulden wirst du dich sträuben!
Wie wirst du dann mit der ganzen Last deines Leibes betreten
670 Jene ewige Glut, wo Wurm und Feuer[237] auf immer
Bleiben und jedes Laster mit gräßlicher Strafe verfolgen?
    Da sprach Wetti: »O Herr, ich fürchte mich, dies zu verkünden;
Denn gering ist meine Person, nicht reichen die Kräfte,
Um diese Botschaft hin zu den Ohren der Menschen zu bringen.«
675 Aber der Engel wies, erregt zu mächtigem Zorne,
Wetti zurecht: »Was der Spruch des höchsten Gottes befohlen,
Wagst du nicht zu verkünden, von dumpfer Trägheit gehindert?«
    Eindringlich mahnt er ihn dann, sein eigenes Leben zu ordnen
Und es durch die Strahlen des himmlischen Lichts zu erleuchten,
680 Fügte sodann hinzu: »Gesandt bin ich, dich zu behüten,
Und über all deinem Tun steh' ich als schützender Engel.
Einst stand Samson ich bei, dessen Namen über den Erdkreis
Machte bekannt die Alte Schrift, als treuer Begleiter,
Und mit Gottes Gnade vollbrachten wir herrliche Taten.

685 Quem mandante deo primo comitabar ab ortu,
Donec per Dalilam in domini procurreret iram,
Venderet et scorto auctoris sacra munera Christi;
Quo scelere infectus dominumque deumque reliquit.
Tunc ego discessi vitiis offensus ab illo.
690 Ergo puer bene castus eras, mihi quippe placebas;
Sed postquam propriis coepisti vivere votis,
Displicuit tua vita mihi, nam pravus abisti.
Nunc iterum placido temet complector amore
Merentem lacrimis et toto corde reversum.‹
695 Caelicolas hominum custodes esse sacrata
Scripta ferunt, dominusque docens ostendit Iesus
Ante patris faciem stantes servare fideles,
Atque liber pastoris opem demonstrat eandem.
›Coenobiis etiam monachorum valde monendum est‹,
700 Angelus adiunxit, ›vitii ut radicibus omnis
Abscisis vireant virtutum germina pulchre.
Maior enim numerus mundanis rebus adhaeret,
Quam qui se stimulante deo monitisque supernis
Haec ad castra ferant vitamque fideliter ornent.
705 Nescit enim carnalis homo, quod spiritus almi est.
Viribus idcirco totis certare necesse est,
Carnalis ne turba premat sacra dogmata vitae,
Pondere neu scelerum frigescat pignus amoris
Aeterni, qui plura tenet spe pectora sancta.
710 Vulnus avaritiae medicamina sancta repellant,
Qua dominante humilis fit nemo in nomine Christi,
Unde polum penetrare potest, cui cura subintrat.
Ingluviem vitare cibi potusque monemus;
Sufficiens et parva quidem sit pensio victus.
715 Optimus usus aquae, dedit hanc natura bibendam.
Tegminis ornatus mutetur, ut algida tantum
Frigora depellat nudosque ut contegat artus.
Mens humilis vigeat, studiis non perdita fictis,
Deserat et totam perversa superbia mentem.
720 Nam quidam flexa placidi cervice videntur,
Erecto sed corde tument falsique probantur.
Pulcher apostolicae vitae pervertitur ordo,
Cum vitiis variis virtutum iura premuntur;
Et dum sub specie pietatis culpa subintrans
725 Assidue crescens proprio retinetur in usu,

685 Ihn begleitete ich auf des Herrn Geheiß schon zu Anfang²³⁸,
    Bis er durch Dalilá Gottes Zorn sich zuzog und hingab
    Dieser Dirne die heiligen Gaben Christi, des Schöpfers²³⁹.
    So durch Frevel befleckt, hat Gott, seinen Herrn, er verlassen;
    Damals ging ich von ihm fort, weil seine Laster mich kränkten.

690   Du warst als Knabe ja auch von reinen Sitten, gefielst mir,
    Aber seitdem du begonnen nach eigenen Wünschen zu leben,
    Stieß dein Wandel mich ab, denn auf Irrwege warst du geraten.
    Doch umfasse ich jetzt mit sanfter Liebe dich wieder,
    Weil du dich reuig gezeigt und von ganzem Herzen bekehrt hast.«

695 Himmlische Wesen treten als Schützer den Menschen zur Seite
    Nach den Worten der Schrift, und Jesus lehrt, daß die Engel
    Vor des Vaters Angesicht stehn und die Frommen behüten²⁴⁰;
    Gleiches weiß auch das Buch vom Hirten uns zu berichten.
        »Eindringlich mahnen müssen wir auch die Klöster der Mönche«,

700 Fügte der Engel hinzu, »die Wurzeln jeglichen Lasters
    Auszurotten, auf daß der Tugenden Schößlinge grünen.
    Eine größere Zahl nämlich hängt an weltlichen Dingen,
    Wenige kommen auf Gottes Ruf und Weisung von oben
    Her in dies Lager²⁴¹, ihr Leben zu weihn im Dienste des Glaubens;

705 Denn der fleischliche Mensch kennt nicht das Wirken des Geistes²⁴².
    Daher gilt es nun, mit allen Kräften zu kämpfen,
    Daß jene Masse nicht die Lehren des Lebens verdränge
    Und durch der Laster Gewicht erkalte der ewigen Liebe
    Pfand²⁴³, das viele Herzen erfüllt mit heiliger Hoffnung.

710 Heil'ge Arznei soll vertreiben die Wunde der Habgier; denn wird sie
    Mächtig, dann findet keiner in Christi Namen zur Demut,
    Die den Himmel denen erschließt, deren Sinn danach trachtet.
    Ungezügelte Gier bei Speise und Trank müßt ihr meiden²⁴⁴;
    Auch ein kleines Maß an Nahrung mag euch genügen.

715 Bestes Getränk ist Wasser; das gab die Natur uns zu trinken.
    Eurer Gewänder Pracht muß sich ändern! Es soll ja das Kleid nur
    Wehren dem eisigen Frost und des Leibes Blöße bedecken²⁴⁵.
    Demut herrsche bei euch, durch keine Falschheit verdorben,
    Ganz muß schwinden aus eurem Sinn der törichte Hochmut!

720 Denn so manche erscheinen freundlich und beugen den Nacken,
    Innerlich aufgebläht voller Stolz und als Heuchler befunden²⁴⁶.
    Denn verfälscht wird die herrliche Ordnung mönchischen Lebens,
    Wenn durch vielerlei Laster der Tugend Rechte bedroht sind;
    Und wenn unter dem Schein der Frömmigkeit Sünde sich einschleicht,

725 Drauf beständig wächst und wird zur festen Gewohnheit,

Iam velut ex lege ad iustos describitur actus.
Idcirco occiduis homines in partibus huius
Ordinis instruimus, quos Gallica rura tenere
Novimus, et cunctos, quos haec Germania gignit,
730 Pauperiem ut veram devota mente sequantur,
Ianua ne caeli contra claudatur eosdem
Indeque depulsi pereant sub faucibus ignis,
Qualiter omnipotens hominum sator atque creator
Per me terribili cunctis sermone remandat.‹
735   Haec satis esse videns illis nihil addere possum,
Qui vitae meritis debent praecellere cunctos,
Qui mundum fixisse sibi mundoque refixi
Famantur, quod quippe deo promisimus omnes.
Scimus enim documenta patrum finesque viasque,
740 Cottidie crepitant librorum verba per aures.
Inpugnat mundus; felix, qui fugerit illum
Et post terga oculum qui mittere vitat in aevum.
    Quantaque femineis nascantur damna catervis,
Quae servire deo monachorum more suescunt,
745 Angelus exponens: ›Quam plurima daemonis‹, inquit,
›Lucra virent, lucrumque dei tepor occupat ingens
Ordine confuso; mulier dum mortua vivis
Praefertur – quia delitiis viduata marito
Sufficiens functa est, prohibent quam vivere gazae –
750 Subiectae et vivae mortis confinia sumunt,
Dum factis perversa suis exempla sequuntur.
Sic perduntur opes, quas congessere fideles
Ad conservandum ius virginitatis honestae;
Accipit has sitiens labentia gaudia mundi
755 Inque voluptatem fert sobria dona nefandam.‹
    Vivit enim virgo, mortem scelerosa subibit.
Denique iam viduae capiunt dum iura regendi,
Subvertunt pravo iustam molimine vitam.
Sordibus e solitis paucae se demere possunt,
760 Sed neque concubitu quaedam cessare probantur:
Sic seducta cohors sequitur per cuncta magistram.
    O princeps, qui tale malum iunxisse videris,
Da castis castas, aliud viduata receptet!
Non equidem prodest multorum perdere mores.
765 Creditur, en, mulier melior quam masculus esse:
Accipit illa gradum; raro est lex ista virorum,

Wie durch Gesetz wird sie dann zu den guten Taten gerechnet.
Deshalb tun wir kund den Menschen in westlichen Ländern
Dieses Standes, all denen, die Galliens Lande bewohnen,
Sämtlichen Mönchen auch, die von hier, aus Germanien, stammen:
730 Demütig sollen sie sich um wahre Armut bemühen,
Daß sich nicht die Pforte des Himmels vor ihnen verschließe
Und sie, verstoßen, zugrunde gehn im Schlunde des Feuers!
Solches läßt der allmächtige Vater und Schöpfer der Menschen
Allen hier durch mich mit schrecklichen Worten verkünden.«
735   Dies genügt, und mehr kann ich nicht zu denen noch sagen,
Die durch ihr frommes Leben den andern sollten voraus sein
Und von denen es heißt, sie hätten die Welt sich gekreuzigt [247]
Und von ihr sich gelöst, was wir Gott ja alle versprochen.
Kennen wir doch der Väter Lehren, Ziele und Wege [248],
740 Tönt doch täglich an unser Ohr das Wort ihrer Schriften.
Feindlich ist diese Welt; drum selig, wer ihr entflohen
Und für immer es meidet, die Blicke rückwärts zu wenden [249].
    Welch gewaltiger Schaden entsteht bei den Scharen der Frauen,
Die nach Art der Mönche dem Dienst an Gott sich gewidmet,
745 Legte der Engel dar: »Es gedeihn die Geschäfte des Teufels
Allzusehr, und Gottes Besitz [250] lähmt schreckliche Lauheit,
Ist die Ordnung gestört; und gilt die Frau, die schon tot ist,
Mehr als die lebende – denn eine Witwe, die den Genüssen
Nachgeht, ist schon tot [251], zu leben verwehrt ihr der Reichtum –,
750 Stehn ihre Schützlinge lebend schon im Banne des Todes,
Wenn sie bei ihrem Tun nach verkehrtem Beispiel sich richten.
So werden Güter vertan, die die Gläubigen haben gesammelt,
Um diesen Stand der edlen Jungfräulichkeit zu erhalten;
Sie nimmt die Frau, die nur lechzt nach der Welt vergänglichen Freuden,
755 Und verschwendet zu gottloser Lust der Enthaltsamkeit Gaben.«
    Denn die Jungfräuliche lebt, die Lasterhafte wird sterben.
Wenn also Frauen, die Witwen sind, die Führung erhalten,
Richten sie frommen Wandel durch sündiges Treiben zugrunde.
Können doch wenige nur von gewohnten Lastern sich lösen,
760 Manche, so zeigt sich, kann auch nicht den Beischlaf entbehren:
So verführt, wird die Schar in allem der Meisterin folgen!
    O mein Kaiser – bewirkt hast *du* doch wohl diesen Mißstand –,
Gib den Reinen Reine, und andres erhalte die Witwe!
Nutzen bringt es ja nicht, den Sitten vieler zu schaden.
765 Sieh, da glaubt man, die Frau sei besser noch als die Männer:
Sie erhält diese Würde! Bei Männern gibt es das selten,

Ut nupto citius dentur loca sancta regenda.
Confusum natura modum discernere poscit.
　　Frater item quaerit, ubi dogmatis illa moderno
770 Staret apostolici perfecta in tempore norma.
›Partibus ex aliis salsi maris‹, inquit, ›habetur
Ille rigor veterumque viget constantia patrum,
Qui paupertatem variis sine rebus adepti
Terreni nihil inquirunt, quod vota retardet,
775 Sicque penetrantes caelorum regna capessunt.‹
Felices patriae, quarum de cespite surgunt
Optima gemmarum caelo ornamenta nitentum,
Auxilium patriae, meriti decus, orbis honestas!
　　His dictis iterum verbum sacer angelus infert
780 Crimine de veteri, Sodomae quod rura necavit.
Caetera namque semel vitia execranda monebat;
Hunc autem morbum mores animasque nocentem,
Daemonis instinctu naturam perdere promptum,
Quinquies ammonuit aut amplius esse cavendum.
785 　　Tum frater rogitat, numerus cur tantus obiret
Pestis in exitio plebis populique fidelis.
›Haec‹, ait, ›ex factis homines commertia pravis
Accipiunt, damnatque reos sententia grassans
Significatque diem mundo properare futurum,
790 Terminus ut tandem ponatur in ordine saecli.‹
　　Ecce, dies veniet, nostrum sit quisque paratus;
Ecce, venit dominus, nostros ut congreget actus.
Iam vigilare decet, veniens ut quemque coronet.
　　Praecipue ammonuit divinis laudibus omnes
795 Conatu servire bono studioque sagaci,
Praecipiens, ut nemo gravi torpore subactus
Neglegat assiduas domino persolvere laudes
Ecclesiaeque decus celebretur ut ordine sancto.
Sollicitus propriam quaerit quicumque salutem,
800 Haec agat, et sese poterit subducere flammis;
Non eget his dominus, sed nos, ut agamus, egemus.
　　Quin etiam quondam comitem sacer ille Geroldum
Angelus asseruit requiem captasse beatam
Martyribusque parem, quo gloria summa beatis
805 Civibus aeternae reddit dulcedinis haustum.
Et ›Quoniam zelum domini conceperat‹, inquit,
›Gentibus infidis Christi defendere plebem

Daß trotz Heirat einer regiert an heiligem Orte.
Hier verlangt die Natur, das Verwirrte wieder zu ordnen!
    Wo denn, fragte der Bruder den Engel, in unseren Zeiten
770 Jene Norm apostolischer Lehre wirklich erfüllt sei.
»Dort an des salzigen Meeres anderer Seite, da hält man
Fest noch an jener Härte und gilt noch die Strenge der Väter,
Die sich ohne vielerlei Habe die Armut erkoren,
Die nichts Irdisches suchen, das nur dem Gelübde im Weg steht,
775 Und so Einlaß finden im Himmelreich und es besitzen.«
Glücklich sind die Lande, auf deren Auen entspringet
Solcher Knospen herrliche Pracht, eine Zierde des Himmels,
Hilfe dem Land, der Tugenden Glanz, eine Ehre dem Erdkreis!
    Noch einmal begann der heilige Engel zu sprechen
780 Über die alte Schuld, die Sodoms Land hat vernichtet.
Einmal befahl er nur, zu verfluchen die anderen Laster[252];
Aber vor dieser Krankheit, die Sitten und Seelen verderbe
Und durch teuflischen Trieb die Natur des Menschen zerstöre,
Sich zu hüten mahnte der Engel fünfmal und öfter.
785 Nun aber fragte der Bruder, weshalb so viele im Volke
Und aus der Gläubigen Schar den Tod durch die Seuche erlitten[253].
»Für ihr sündiges Treiben empfangen«, sprach er, »die Menschen
Solchen Lohn; hart trifft und verdammt die Sünder das Urteil,
Kündigt auch an, daß für diese Welt der Tag schon herannaht,
790 Daß ein Ende werde gesetzt dem Laufe der Zeiten.«[254]
    Sieh, es wird kommen der Tag, ein jeder von uns soll bereit sein[255],
Siehe, es kommt der Herr, um unsere Taten zu sammeln[256],
Jetzt schon gilt es zu wachen, soll jedem er bringen die Krone!
    Eindringlich mahnte er, alle sollten mit redlichem Eifer
795 Und stets wachem Bemühn dem Preise Gottes sich widmen,
Und er befahl, daß keiner, von dumpfer Trägheit bezwungen,
Je vergesse, dem Herrn fortwährend Lob zu erweisen[257],
Auch die Feste der Kirche nach heiligem Brauche zu feiern.
Wer auch immer von uns um das Heil seiner Seele besorgt ist,
800 Soll dies tun; nur so kann er sich den Flammen entziehen.
Gott braucht all dies nicht, doch wir Menschen brauchen die Bräuche[258].
    Auch erklärte der heilige Engel, daß Gerold[259], der einstmals
Markgraf gewesen, habe erlangt die selige Ruhe,
Märtyrern gleich, an dem Ort, wo den seligen Himmelsbewohnern
805 Höchste Ehre gewährt, die ewigen Wonnen zu kosten.
»Dieser erlitt, weil heiliger Eifer für Gott ihn ergriffen,
Christi Volk zu beschützen, im Kampf mit heidnischen Völkern

Congrediens huius sumpsit dispendia vitae,
Aeternis ideo meruit fulgere tropheis
810 Munera perpetuae capiens ingentia vitae.‹
    Hic vir in hac patria summa bonitate nitebat,
Moribus egregius, verax, mansuetus, honestus;
Cui regina soror Hludowici cara genetrix
Hildigardis erat, parili bonitate venusta,
815 Viribus ille potens sanctoque potentior actu.
Defuerat soboles, pariterque et defuit heres;
His igitur verbis sese compescere coepit:
›Denegat heredem dominus, manet ipse superstes.
Quod dedit, accipiet; Mariae commendo beatae.‹
820 Sic votum factis sequitur, magis omnibus isti
Profuit ille loco, cuius nitet Augia donis.
Bella movet Karolus duros tum Caesar in Hunos;
Hoc cecidit bello, populo certante, Geroldus.
Tunc dominum famuli lacrimis sumpsere refecti,
825 Hucque reportatum tam longa per avia corpus
Insulanensis humus contexit in aede Mariae.
    Haec et plura videns, numerum quae pene recusant,
Quae festina manus currens intacta reliquit,
Experrectus item, iam caeca silentia noctis
830 Nuntius excussit lucis resonando per aedes.
Fratribus accitis, quos pernoctasse videbat
Excubiis secum, trepidans multoque timore
Permotus cecinit narrans ex ordine visum
Secretumque latens avidas effudit in aures,
835 Poscit et, ut veniens sermones protinus ipsos
Abbas excipere et scripto mandare iuberet.
Talibus adstantes compescunt verba loquentis:
›Nunc solito fratres meditantur in ordine noctis
Incumbuntque preci, nunc claustra silere necesse est;
840 Non audemus enim nos haec turbare vel illi.‹
›Vos‹, ait, ›interea molli depingite cera,
Ut fulgente die citius manifesta patescant,
Ne lingua torpente palam depromere visa
Non possim, quae tam grandi sub mole minarum
845 Sunt iniuncta mihi manifesta voce canenda
Et cunctis liquido citius dicenda boatu,
Ut timeam, si forte tacens dimisero quicquam,
Me veniam nec habere gravi stringente reatu.

Seines irdischen Lebens Verlust«, erklärte der Engel;
»So verdient er den Glanz eines unvergänglichen Sieges,
810 Und als reichen Lohn erhielt er das ewige Leben.«
      Gerold glänzte durch größte Güte in unserem Lande,
Stach durch sein Wesen hervor, liebte Wahrheit, Milde und Ehre;
Ludwigs teure Mutter, die Königin, war seine Schwester,
Hildegard, liebenswert durch Güte, gleich wie ihr Bruder.
815 Er war gewaltig an Kraft, noch stärker durch heilige Taten.
Nachkommen hatte er nicht, es fehlte desgleichen ein Erbe;
Also begann er, in diesen Worten Tröstung zu suchen:
»Einen Erben verweigert mir Gott, doch er selbst bleibt lebendig;
Was er mir gab, sei ihm wiedergeschenkt: ich weih' es Maria!«
820 Seinem Gelöbnis folgte die Tat: er half mehr als die andern
Dieser Stätte; durch seine Gaben erglänzet die Aue.
Als dann Kaiser Karl die schrecklichen Hunnen bekriegte,
Fiel bei diesem Kampf der Markgraf im streitenden Volke.
Drauf, nach vielen Tränen gefaßt, brachten hierher die Diener
825 Ihren Herrn auf weitem und schwierigem Weg. Seinen Leichnam
Deckt der Boden der Insel nun in der Kirche Mariens. –
      Als er dies und mehr noch gesehn, was man kaum könnte zählen,
Was die eilige Hand hat unangetastet gelassen,
Wachte der Bruder auf. Es vertrieb der Bote des Lichtes
830 Schon das finstere Schweigen der Nacht, weit hallte sein Krähen[260].
Jetzt rief Wetti die Brüder herbei, die diese Nacht bei ihm
Hatten gewacht; durchbebt von gewaltiger Angst und noch zitternd
Kündet er ihnen der Reihe nach die Schau seines Traumes,
Schüttete aus sein Geheimnis in wißbegierige Ohren
835 Und ließ bitten den Abt, er möge sogleich zu ihm kommen,
Um seine Worte zu hören und niederschreiben zu lassen.
Ihn zu beschwichtigen suchten die Mönche dort mit den Worten:
»Nach der Ordnung der Nacht obliegen jetzt der Betrachtung
Und dem Gebete die Brüder, im Kloster muß Stille nun herrschen[261];
840 Wir und auch jene[262] wagen es nicht, diese Ordnung zu stören.«
»Schreibt derweil *ihr*«, sprach Wetti, »auf weichem Wachse es nieder,
Daß im Lichte des Tags es rascher offenbar werde;
Müßte ich ja, wenn die Zunge erstarrt, für immer verbergen,
Was ich gesehn, was unter der Drohungen lastendem Zwange
845 Mir ward auferlegt mit deutlicher Stimme zu künden
Und mit lautem Rufe es eiligst allen zu sagen;
Fürchte ich doch, wenn ich etwas nur durch Schweigen vergesse,
Keine Gnade zu finden, da schwere Schuld mich bedränget.

Ultima virgineae turbae intercessio memet
850 Liquit in ancipiti positum, nam nescio, qualem
Implorasse deo vitam praestante putemus,
Utrum perpetuam vel temporis huius amaram.
Si mihi defuerint praesentis commoda vitae,
Ecce procul dubio mortem cras corpus habebit;
855 Dux meus haec dixit, cuius mihi sponsio certa est.‹
His igitur verbis fratres hortatus eosdem
Expediens iterum iam dicta retexere coepit,
Illi continuo tabulae impressere liquenti.
Laudibus interea domini iam rite peractis
860 Abbas adveniens aliis comitantibus intrat,
Nam solitus compellit amor refovere iacentem.
Assistunt propius, secretum infirmus adoptat.
Discedunt reliqui, remanent ibi quinque sedentes:
Primus erat Heito, Erlbaldus fuit inde secundus,
865 De quibus in primis modicas conteximus odas,
Tertius ipse iacens sapienti corde magister.
Quartus erat senior, multis provectus in annis,
Theganmar, domini famulus, cui longa senectus
Contulit aeterno venerandos munere canos;
870 Grandis honor capitis, maior sapientia mentis,
Confessor fratrum, gnarus conferre medelam,
Moribus antiquos sequitur sine crimine patres.
Quintus adest Tatto, cui gratia magna benigno
Contulit eximios vitae perducere mores;
875 Nempe palatinas puer est translatus ad aulas,
Sed Christi fervore calens mercede sodales
Servitii gaudere suos dimisit et istud
Coenobium ingrediens monachum se lege ligavit,
Hoc recolens, quod prima inibi documenta recepit.
880 Est hodieque probus, felix, spectabilis, aptus;
Gaudeo, quod tali mereor parere magistro,
Cuius ob auxilium praesens me continet aetas.
His etenim quinis visa atque audita patenter
In verbis scriptoque simul, quod nocte notavit
885 Veloci currente manu, narrando resignat,
Et surgens prostratus humi commissa remitti
Poscit et orantes dominum placare tonantem,
Commendans arcana dei, si morte fuisset
Raptus, ut in lucem verbo scriptoque tulissent,

Was der Jungfrauen Schar als letzte Fürbitte vortrug,
850 Ließ mich im Zweifel noch: ich weiß nicht, was für ein Leben
Sie für mich von Gott, der Erfüllung gewährt, wohl erfleht hat,
Ob das ewige dort, ob das bittere hier auf der Erde[263].
Ist mir kein Aufschub[264] vergönnt, noch länger auf Erden zu leben,
Sicher ist morgen dann mein Leib dem Tode verfallen.
855 So sprach mein Führer zu mir; seine Kunde ist mir Gewißheit.«
   Also ermahnte mit solchen Worten Wetti die Brüder,
Und er begann den Traum, den wir schon erzählt, zu berichten;
Jene schrieben ihn nieder sogleich auf der wächsernen Tafel.
   Als man das Gotteslob, wie es Brauch, schon hatte gesungen[265],
860 Trat der Abt herein, begleitet von anderen Mönchen;
Denn ihn trieb die gewohnte Liebe, den Kranken zu trösten[266].
Als sie nun kamen, der Kranke indes um ein stilles Gespräch bat,
Gingen die übrigen fort; nur fünf noch saßen beisammen:
Heito zuerst, als zweiter dann Erlebald – über die beiden
865 Haben wir ja zu Beginn des Gedichts ein paar Verse geschrieben –,
Dritter der Kranke selbst, mein Lehrer, weise im Herzen;
Schon ein Greis war der vierte, in vorgerückteren Jahren,
Theganmar[267], ein Diener des Herrn; ihm schenkte das Alter
Silbernes Haar – seine ewige Gabe –, wert der Verehrung.
870 Ehrwürdig ist sein Haupt, noch mehr die Weisheit des Geistes;
Beichtvater ist er bei uns, weiß geistliche Heilung zu bringen,
Folgt in seinem Wandel getreu dem Beispiel der Väter.
Fünfter war Tatto[268] daselbst, der gütige, dem große Gnade
Hatte gewährt, ein ungewöhnliches Leben zu führen:
875 Ward er als Knabe ja schon an den Hof des Kaisers gegeben,
Ließ jedoch, glühend vor Eifer für Christus, seine Gefährten
Sich am Lohn ihres Dienstes freun, er selbst aber trat dann
Hier in das Kloster ein, band als Mönch sich durch das Gelübde,
Eingedenk, daß er da die ersten Lehren empfangen.
880 Rechtschaffen ist er heute, erfolgreich, tüchtig, geachtet;
Welche Freude für mich, solchem Lehrer folgen zu dürfen,
Dessen Weisung mir hilft, meinen Platz im Leben zu finden[269]!
   Diesen fünf[270] nun erschloß, was er deutlich gehört und gesehen,
Wetti durch seine Erzählung und auch durch das, was er schriftlich
885 Aufzeichnen ließ mit eiliger Hand zu nächtlicher Stunde,
Stand dann auf, warf sich nieder zu Boden und bat, seine Sünden
Ihm zu vergeben und Gott den Herrn durch Gebet zu versöhnen,
Bat auch, Gottes geheime Weisungen, falls er vom Tode
Werde dahingerafft, in Wort und Schrift zu enthüllen,

890 Sin alias, prodenda sibi dimittere poscens.
Nam cupiit patulis totum famare per orbem
Faucibus et cunctas hominum vulgare per aures.
Denique vita manens si corpore staret in isto,
Ulterius voluit strictam perducere vitam,
895 Ut potaret aquam, mergentia pocula numquam,
Pluribus adiectis, quae nunc exponere longum est.
        Inspiciunt vultus, nec pallida forma videtur,
Non macies foedat, nec membra dolore rigescunt;
Attrectant venas, vivo quae sanguine gaudent,
900 Nec signum loetale vident mortisve periclum.
Fidentesque animo vitae compendia spondent
Praesentis mortemque procul discedere dicunt.
Ille quibus responsa dedit, quae protulit ante:
›Crastina namque dies animam de corpore pellet.‹
905   Taliter ergo diem frater consumpserat illam
Instantemque rotam noctis dieique sequentis,
Exponendo metum gravida de carne recessus,
Suspirans gemitusque imo de pectore fundens,
Fratribus et cunctis sese committere certans;
910 Ad multosque breves rogitans direxit amicos,
Ut sanctis precibus veniam implorare studerent.
        Has ego conscripsi manibus, quibus ista notavi.
Denique cum primum radios produxerat aura,
Me vocitare iubet residensque infigere cerae
915 Praecipit, atque breves bis quinas dictat eisdem
Sensibus adnectens, quas hic signare studemus,
Ut perfecta fides cunctis lucescere possit.
Nempe decem fuerant, quarum conscriptio talis:
›Venerabillimo in Christo patri illi Wettinus iam devotus vester aeternam in domino
salutem. Scripsi vobis in mortis periculo et quia iuventus adhuc floruit. De alio saeculo
meam infirmitatem consolare dignemini, ut huius corruptionis mole deposita ibi quoque
gravitate poenarum non constringar. Si ad usque centum missas centumque psalteria
pervenerit oratio, erit merces certa. Vale, quem iam non mereor videre.‹
        Hunc finemque breves iussit firmare per omnes;
920 Quod dum commutans aliter conscribere vellem,
Dixit, ut haud dubiis possem sic dicere verbis.
Nescius hoc scripsi penitusque stupore movebar.

890 Falls er am Leben bleibe, sie selbst verbreiten zu dürfen;
Denn er begehrte, mit weiter Kehle sie über den Erdkreis
Laut zu verkünden und dringen zu lassen ans Ohr aller Menschen.
Schließlich, sollte das Leben in seinem Leibe noch bleiben,
Nahm er sich vor, von jetzt an ein strenges Leben zu führen,
895 Wasser zu trinken und niemals mehr berauschende Becher,
Fügte mehr noch hinzu, was hier zu berichten zu weit führt.

    Sah man Wettis Gesicht, erblickte man keinerlei Blässe,
Keine Magerkeit; nicht erstarrten vor Schmerz seine Glieder;
Griff man an seine Adern, so fühlte man lebhaften Pulsschlag
900 Und entdeckte keine Gefahr, kein Zeichen des Todes.
Zuversichtlich verhieß man ihm eine weitere Frist noch
Dieses Lebens; der Tod aber, sagte man, weiche von dannen.
Er jedoch gab die Antwort, die schon zuvor er gegeben:
»Nein, der morgige Tag wird scheiden vom Leib meine Seele.«
905   Jenen Tag also hatte der Bruder verbracht, wie berichtet,
Auch den Lauf der kommenden Nacht und des folgenden Tages,
Sprach von der Angst des Scheidens aus diesem beschwerlichen Fleische[271],
Seufzte dabei und stöhnte auf aus der Tiefe des Herzens
Und verlangte sich sämtlichen Brüdern anzuempfehlen,
910 Sandte Briefe deshalb an viele Freunde und bat sie,
Durch ihr frommes Gebet für ihn um Gnade zu flehen.
    Eigenhändig wie dies hab' ich jene Briefe geschrieben.
Denn als die Morgenröte emporgesandt ihre Strahlen[272],
Ließ er mich rufen, setzte sich auf und befahl mir zu schreiben
915 Auf der Tafeln Wachs und diktierte mir zweimal fünf Briefe
Gleichen Inhalts, die hier wir aufzuzeichnen gedenken;
So können alle erkennen, wie vollkommen war Wettis Glaube.
Briefe also waren es zehn, und ihr Wortlaut war dieser:
    »Dem ehrwürdigen Vater in Christo N. N. wünscht Wetti, einst euer ergebener
Freund, ewiges Heil im Herrn. Ich schreibe euch in Todesgefahr, wo ich doch bis jetzt in
der Blüte der Jugend gestanden habe[273]. Was das jenseitige Leben betrifft, so erweist mir
die Gunst, meiner Schwachheit zu Hilfe zu kommen, damit ich, wenn ich die Last unserer
Vergänglichkeit abgelegt habe, auch dort durch die Schwere meiner Sündenstrafen nicht
bedrängt werde. Wenn euer Gebet die Zahl von hundert Messen und hundert Psalmgesän-
gen[274] erreicht hat, wird mir die Gnade gewiß sein. Lebe du wohl, den ich nicht mehr zu
sehen verdiene.«
    Diesen Schluß befahl er zu setzen an all seine Briefe.
920 Als ich den Wortlaut ändern und anderes hinschreiben wollte,
Meinte er, daß ich es ohne Zweifel so könne sagen.
Ahnungslos schrieb ich es hin; mich erfaßte gewaltiger Schrecken.

Quippe diem totum soli transegimus illum;
Nunc legimus, nunc membra iuvat componere lecto,
925 Me sopor oppressit, vigilem non contigit illum;
Orat in excubitu, surgit graditurque valenter.
Vesper adit, tandemque mihi est sic ore locutus:
›Vade, puer, corpusque cibo relevare memento,
Proque labore tuo grates digneris habere.‹
930 Discessi, noctemque minans sol vergit in aequor.
Iamque poli pingunt fulgentia sidera centrum,
Adveniunt fratres sistuntque in domate multi.
›En‹, ait, ›incumbit metam finire supremam
Carnis in exilio, terram terraeque recondi.
935 Omnimodis petimus: sacras protendite palmas,
Instantesque preci nostrum defendite finem!‹
Res perrara quidem: psalmos prior omnibus ille
Antiphonasque velut quidam praecentor adorsus
Principium cuiusque suo depromit ab ore.
940 Finitis igitur concentibus ille parumper
Respirat pavidus, fratresque ad strata recurrunt.
Surgit et huc illucque viam deflectere temptat,
Aestuat agnoscens, velox quod transitus instet,
Decidit in lectum Christi mysteria sumens,
945 Clausit et extremam vitae mutabilis horam.

En, venerande pater, calcem compulsus adivi,
   Cuius principium horror adire fuit.
Non ignoro quidem vitiis sordere camenam;
   Extortos apices protege, si valeas.
5 Ales enim, quaecumque suas praecurrere pennas
   Cogitur, ex superis corruit ima petens.
Nil prodesse scio, tamen est parere necesse;
   Hoc potius dominus quam sacra tura cupit.
Vestra sequens humilis famulus mandata peregi,
10   Aetate et sensu impar ad istud opus.
Ne reputes non posse meum, sed velle videto,
   Atque bono vigeas longa per aeva statu.
                    Amen.

Jenen ganzen Tag waren wir alleine beisammen,
Lasen bald, bald tat es auch gut, sich niederzulegen;
925 Ich ward vom Schlaf überwältigt, doch Wetti fand keine Ruhe;
Wachend betete er, stand auf, ging kraftvoll umher dann.
Abend war's, da sprach er schließlich zu mir diese Worte:
»Geh nun, mein Sohn, und denke daran, dich durch Speise zu stärken,
Und nimm meinen Dank für all deine Mühe und Arbeit!«
930 Fort ging ich; kündend die Nacht versank die Sonne im Wasser.
    Und schon schmückten das Himmelsgewölbe die funkelnden Sterne,
Da kam herbei und betrat das Gemach eine Schar unsrer Brüder.
»Seht«, sprach er, »jetzt ist für mich die letzte Wende gekommen[275]
Im Exil des Fleisches, und Erde kehrt wieder zur Erde[276].
935 Flehentlich bitte ich euch: Erhebt die geheiligten Hände,
Helft mir bei meinem Tod durch euer beständiges Beten!«
Merkwürdig trug es sich zu: die Antiphonen und Psalmen
Stimmte er wie ein Vorsänger selbst an vor allen andern,
Leitete alle Gesänge ein mit eigenem Munde[277].
940   Als nun beendet der Psalmengesang, da holte er angstvoll[278]
Atem; es eilten die Brüder indessen zurück auf ihr Lager.
Wetti erhob sich, versuchte noch hier- und dorthin zu gehen,
Fieberte, da er sah, daß schon der Tod auf ihn warte,
Fiel dann nieder aufs Lager, empfing die Mysterien Christi
Und beschloß die letzte Stunde vergänglichen Lebens.

Sieh, ehrwürdiger Vater[279], gedrängt hab' das Werk ich vollendet,
Dessen Beginn für mich schreckenerregend war.
Sehr wohl weiß ich, daß meine Muse noch strotzet von Fehlern;
Was ich mir abrang im Vers[280], fördere du, wenn du kannst!
5 Denn, muß ein Vogel im Flug seiner Schwingen Kraft überbieten,
Stürzt aus der Höhe er jäh in die Tiefe hinab.
Nutzen bringe ich nicht[281], doch ist mir Gehorsam Verpflichtung;
Ihn will Gott der Herr lieber als Weihrauchduft[282].
Als dein ergebener Diener hab' folgsam das Werk ich geschaffen;
10 Alter und auch Verstand reichen noch nicht dafür aus[283].
Rechne mir meine Schwachheit nicht an, sondern schau auf mein Wollen[284]!
Lange mögest du dich bester Gesundheit erfreun!
    Amen.

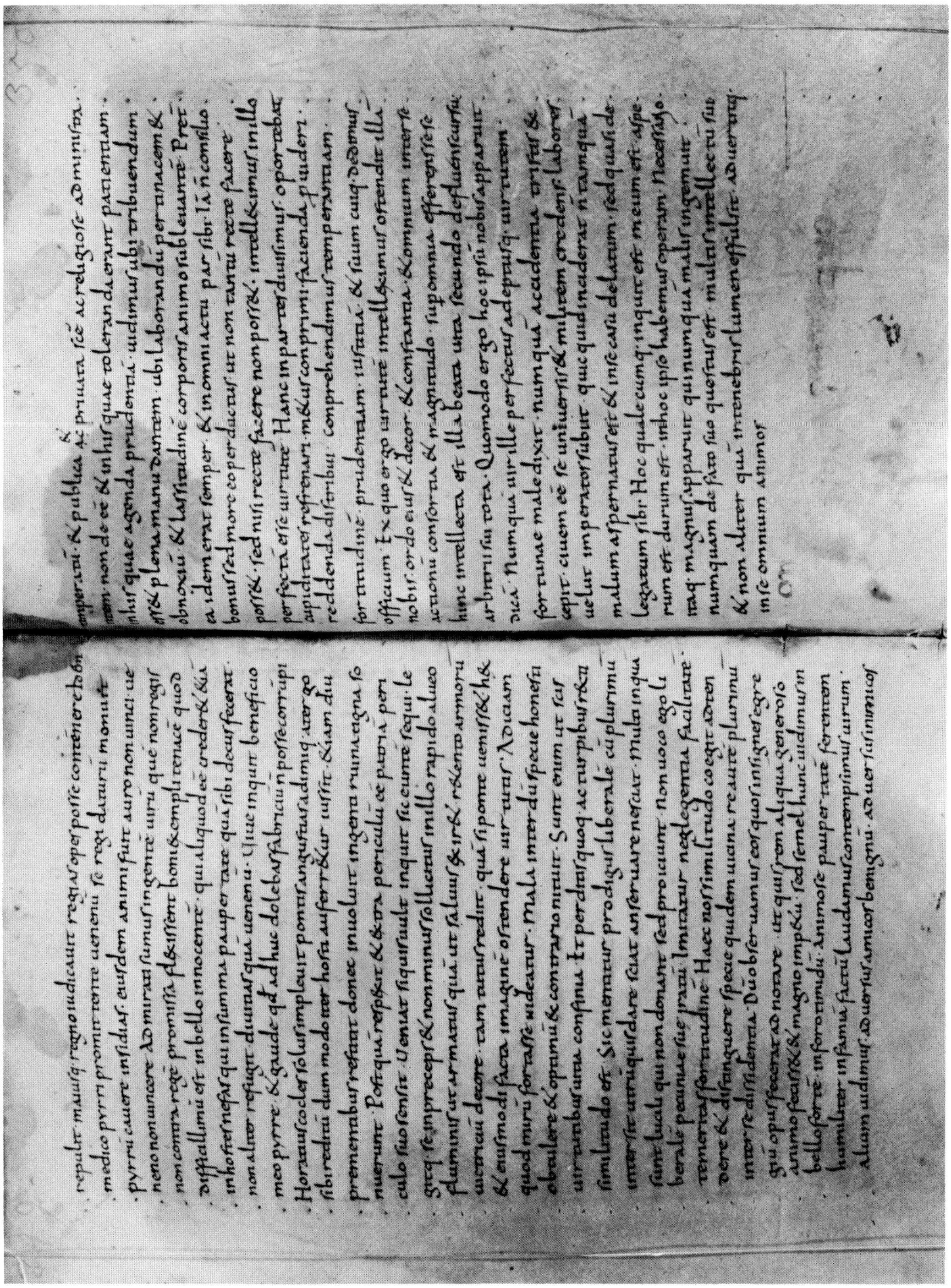

1 Walahfrids Handschrift

Quam patrias succincta faces sodomita libido LIBIDO.
Aggreditur. piceam q̃ ardenti sulphure pinum
Ingerit in faciem. pudibunda q̃ lumina flammis
Appetit. & tetro temptat suffundere fumo.

3 Engel und eine Schar von Erwählten an der Pforte der himmlischen Stadt

2 Der Kampf der Pudicitia gegen die Sodomita Libido

95

4 Die Anbetung des Lammes und die Mauern der himmlischen Stadt

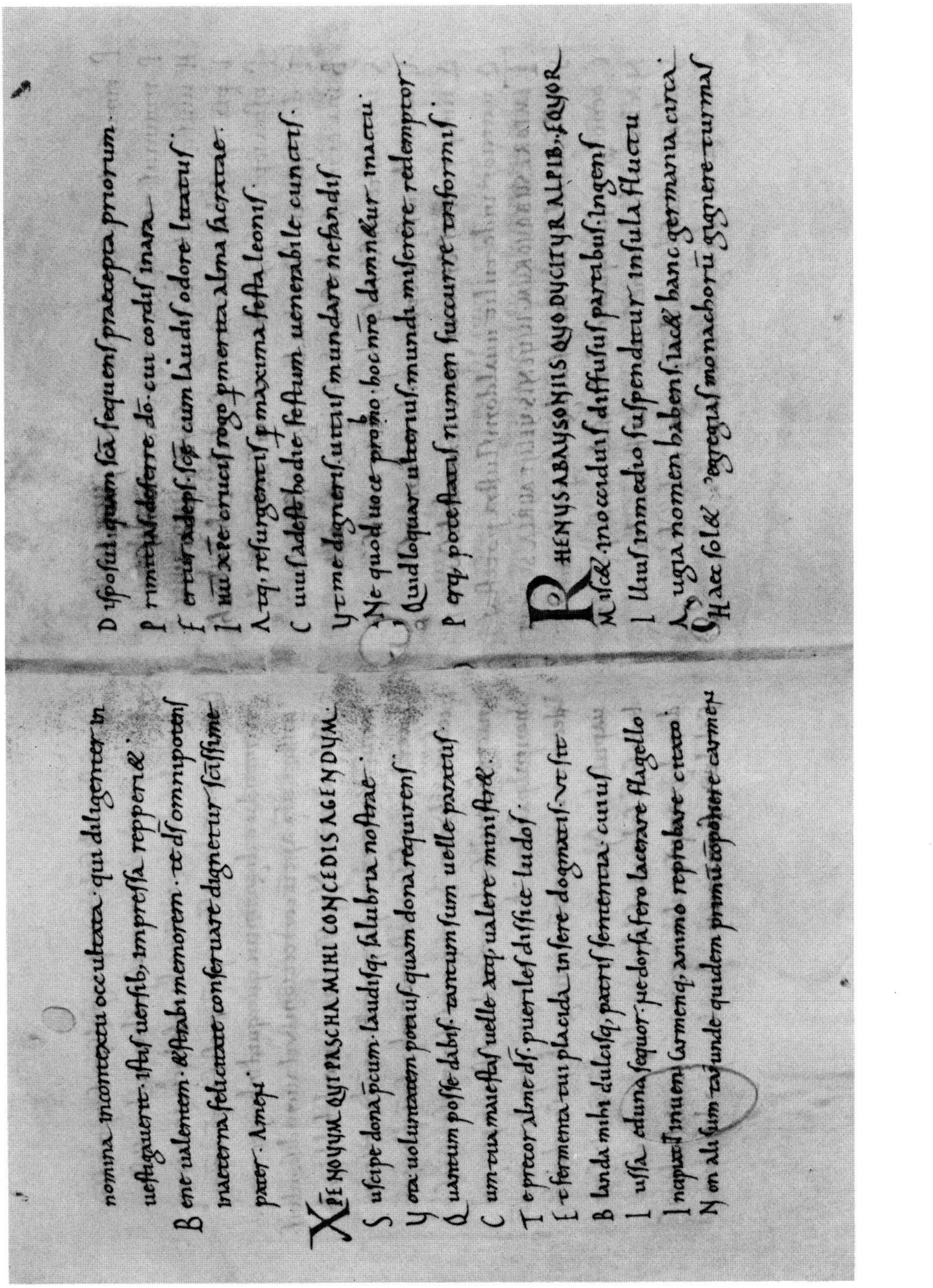

5 Der Anfang der Visio Wettini

6 Das Weltgericht

7 Christus weint über die Zerstörung Jerusalems

8 Gregor der Große

Erläuterungen zu den Bildern

1. *Walahfrids Handschrift*

S. 349f. aus dem Codex Sangallensis 878. Bernhard Bischoff gelang es, den Codex als eine Sammelhandschrift Walahfrid Strabos zu identifizieren, in der dieser von seiner Schülerzeit bis in sein letztes Lebensjahr verschiedene Exzerpte aus historischen, komputistischen, exegetischen, liturgiegeschichtlichen und medizinischen Werken eintrug. Wahrscheinlich am Hofe in Aachen schrieb er einen großen Teil eines Seneca-Briefes ab (ep. ad Lucilium 120, 1–13). Ebenmaß und Feinheit charakterisieren seine Schriftzüge, die in der Zeit dieses Exzerptes weiter und lockerer geworden sind.

Senecas Lob des stoischen Weisen, der das Idealbild der Virtus verkörpert, hat auch Walahfrids Bewunderung gefunden. Er schließt seine Abschrift, wie die Abbildung zeigt, mit »Wer nie über sein Unglück seufzt, nie über sein Schicksal klagt, muß daher als ein großer Mann erscheinen; viele läßt er sein Wesen erkennen, er leuchtet nicht anders als ein Licht in der Finsternis und lenkt die Gedanken aller auf sich.« Dieser Vergleich erinnert an das Lob Heitos in V. 38f. – Vgl. B. Bischoff, Eine Sammelhandschrift Walahfrid Strabos (Cod. Sangall. 878), in: Mittelalterliche Studien Band II, Stuttgart 1967, S. 34–51. A. Borst, Mönche am Bodensee, Sigmaringen 1978, ²1985, S. 405 und 478f.

2. *Der Kampf der Pudicitia gegen die Sodomita Libido*

Federzeichnung aus dem Codex Sangallensis 135 (geschrieben um 1000 in St. Gallen), der neben den meisten anderen Werken des Dichters Prudentius (348 bis nach 405) auch dessen Psychomachia enthält, eine allegorische Dichtung über den Kampf zwischen Tugenden und Lastern. Die personifizierte sodomitische Begierde greift mit ihren Fackeln, dem Sinnbild brennender Gier und zugleich des Brandes von Sodom (Genesis 19), die Keuschheit an; diese trägt in ihrer Linken Speer und Schild, in der Rechten hält sie einen Stein, um ihn gegen ihre Feindin zu schleudern. Nachdem die Pudicitia ihre Gegnerin mit dem Schwert durchstoßen hat, richtet sie, wie die Geste des Zeigefingers verdeutlicht, eine Mahnrede an sie und weist darin auf das Vorbild der Jungfräulichkeit Mariens, der Mutter des Erlösers, hin. Dann wäscht sie das blutige Schwert in den Wassern des Jordanflusses und legt es schließlich im Gotteshaus nieder. Die Illustration bezieht sich auf die Verse 40–108 der Psychomachia, einen Abschnitt, den Walahfrid in den Versen 635–671 der Visio Wettini wiederholt anklingen läßt. – Vgl. die Darstellung dieses Kampfes in einer von der Reichenau stammenden Handschrift aus dem letzten Drittel des 9. Jahrhunderts (Bern, Burgerbibliothek Cod. 264), abgebildet und erläutert in: F. Mütherich/J. E. Gaehde, Karolingische Buchmalerei, München 1976, S. 28f.

3. Engel und eine Schar von Erwählten an der Pforte der himmlischen Stadt

Mosaik in Santa Prassede, Rom, 9. Jahrhundert. Papst Paschalis (817–824) ließ an der Stelle der frühchristlichen Basilika Santa Prassede einen Neubau errichten und prachtvoll ausstatten. Teils von der Hand byzantinischer Künstler, die in den Wirren der Bilderstürme in Rom eine neue Heimat gefunden hatten, teils unter ihrem Einfluß entstanden damals die schönsten Mosaiken des mittelalterlichen Rom. Der abgebildete Ausschnitt aus der großen Mosaikdekoration stellt dar, wie eine ungezählte Schar von Erwählten auf einer blumenprangenden Wiese zur himmlischen Stadt schreitet; sie tragen, ähnlich wie die 24 Ältesten (Apokalypse 4,10), ihre Kronen, um sie vor Gottes Thron niederzulegen. Strahlende Engelsgestalten empfangen die Schar an einem perlengeschmückten Tor des neuen Jerusalem.

4. Die Anbetung des Lammes und die Mauern der himmlischen Stadt

Paris, Bibliothèque Nationale, Lat. 8850. Im frühen 9. Jahrhundert entstand in der Hofschule Karls des Großen ein Evangeliar, das Ludwig der Fromme später der Kirche Saint-Médard in Soissons schenkte. Die vorliegende Abbildung stellt Motive aus dem vierten Kapitel der Apokalypse des Johannes dar: Das Lamm wird von den 24 Ältesten angebetet; unterhalb von ihnen das »gläserne Meer, gleich Kristall«, darunter in Medaillons die Symbole der vier Evangelisten; ihr Ausruf *Sanctus, Sanctus, Sanctus Dominus Deus omnipotens, qui erat et qui est et qui venturus est* findet sich in den Lücken der Architektonik und auf den Stufen unten geschrieben. Den größten Teil des Bildes nehmen die nach Art einer antiken Bühnenwand stilisierten Mauern der himmlischen Stadt ein; die Phantasie des Künstlers läßt so, über die Darstellung einer Stadtmauer hinausgreifend, einen palastähnlichen Bau entstehen, womit wir die Verse 525–539 der Visio Wettini vergleichen können. – Vgl. F. Mütherich/J. E. Gaehde, Karolingische Buchmalerei, München 1976, S. 38ff.

5. Der Anfang der Visio Wettini

St. Galler Kodex 869. Der im letzten Viertel des 9. Jahrhunderts von ein und derselben Hand in zierlicher Schrift geschriebene kleine Band, in der Überlieferungsgeschichte als G bezeichnet, enthält 114 Gedichte; fast alle sind Werke Walahfrids. Die Abbildung zeigt den Schluß des Briefes an Grimald und die Verse 1–26. Auf der linken Seite hat der Schreiber ein Loch im Pergament, durch das man ein Textstück der darunterliegenden Seite erkennt, säuberlich umschrieben. Die Visio Wettini ist in sieben Handschriften auf uns gekommen, die zwischen dem ausgehenden neunten und dem zwölften Jahrhundert entstanden sind. Auf G fußt die erste gedruckte Ausgabe des Gedichts, die Heinrich Canisius 1604 in Ingolstadt herausbrachte.

6. Das Weltgericht

Klosterkirche St. Johann, Müstair (Graubünden). Um 800. Die Abbildung bringt einen Ausschnitt aus der ältesten monumentalen Darstellung dieses Themas, das in der Visio Wettini vor allem in den Versen 357 ff. und 789 ff. anklingt. Dieses Gemälde aus der karolingischen Zeit entspringt demselben Geist wie die Aussage der Jenseitsvisionen: Die Polarität von Gut und Böse wird veranschaulicht, Lohn und Strafe werden in Szenen vor Augen geführt. Von Engeln umgeben, thront der Weltenrichter in einer kreisrunden Glorie; seine Handbewegungen laden die auferstandenen Guten zu sich herauf und verweisen die Bösen zu seiner Linken in die Tiefe. Auf beiden Seiten schließen sich (hier nicht abgebildet) Rundbogenarkaden mit den Aposteln als Beisitzern des Weltgerichts an. Im Streifen darunter, der nur in spärlichen Resten erhalten ist, erkennt man noch die Scheidung der Auferstandenen in Gute und Böse, die von mehreren Engeln vorgenommen wird; wahrscheinlich war hier auch die Hölle dargestellt. Insgesamt umfaßte dieser Weltgerichtszyklus auf der Westwand der Klosterkirche ursprünglich wohl vier Streifen. Er zeigt, u. a. in der halbkreisförmigen Engelglorie, byzantinische Einflüsse. – Vgl. B. BRENK, Tradition und Neuerung in der christlichen Kunst des ersten Jahrtausends, Studien zur Geschichte des Weltgerichtsbildes, Wien 1966, S. 107–118, und passim.

7. Christus weint über die Zerstörung Jerusalems

München, Bayerische Staatsbibliothek, Cod. Lat. 4453. In den Versen 227–234 der Visio Wettini erscheint die Belagerung und Zerstörung Jerusalems als Bild für die Bedrängnis der durch die Dämonen bedrohten Seele. Das Thema, dem 19. Kapitel des Lukasevangeliums entnommen, hat auch in der Reichenauer Buchmalerei seinen Ausdruck gefunden. Christus weint im Anblick des noch unzerstörten Jerusalem; in der unteren Bildhälfte sieht man die Belagerung der Stadt durch die römischen Soldaten. Dabei sind auch Vorgänge, die der Historiker Josephus Flavius und im Anschluß daran Walahfrids Traktat De subversione Jerusalem berichten, dargestellt: Die Leichname der in der Stadt Verhungerten werden von ihren Angehörigen von der Mauer herabgeworfen, und eine vornehme Frau tötet ihren eigenen Sohn, um zusammen mit anderen sein Fleisch zu essen. Das Blatt findet sich in dem gegen 1000 auf der Reichenau entstandenen Evangeliar Ottos III., das durch Schenkung Heinrichs II. in den Domschatz von Bamberg gelangte. – Vgl. F. DRESS-LER/F. MÜTHERICH/H. BEUMANN, Das Evangeliar Ottos III., Frankfurt 1978 (Faksimileband Fol. 188^v und Begleitband, S. 106).

8. Gregor der Große

Codex Sangallensis 390, entstanden um 1000. Seit der zweiten Hälfte des 9. Jahrhunderts finden sich in der Buchmalerei, angeregt durch eine von Paulus Diaconus überlieferte Legende, Darstellungen des Kirchenlehrers mit der Taube, in deren Gestalt der Heilige Geist Gregor inspiriert haben soll. Der Schreiber, der sie auf den Schultern des Heiligen erblickt hat, ist der Diakon Petrus, der Gesprächspartner Gregors in seinen »Dialogen«. Dieses Werk hat die Jenseitsvorstellungen auch der Visio Wettini entscheidend beeinflußt; vgl. V. 283 ff.

ANMERKUNGEN

1 David A. TRAILL, Walahfrid Strabo's Visio Wettini, text, translation and commentary (Lateinische Sprache und Literatur des Mittelalters Band 2) Bern/Frankfurt 1974. Der Text unserer Ausgabe richtet sich im wesentlichen (mit Ausnahme mancher Änderungen in der Interpunktion) nach der Edition Ernst DÜMMLERS in MGH, Poetae Latini Aevi Carolini, Band II, Berlin 1884 (Nachdruck 1964), S. 301–333, und berücksichtigt die meisten von TRAILL ebenda S. 34 f. vorgeschlagenen Abweichungen. Änderungen gegenüber den beiden genannten Ausgaben werden an den betreffenden Stellen vermerkt. In der Orthographie und der Einteilung in Abschnitte folgen wir wie Dümmler der Handschrift G (Cod. Sangall. 869).
In Abkürzung öfters angeführte Literatur: *Philologisches zu W. S.* = A. ÖNNERFORS, Philologisches zu Walahfrid Strabo, Mittellateinisches Jahrbuch VII, 1970, S. 41–92. *W. S. als Dichter* = A. ÖNNERFORS, Walahfrid Strabo als Dichter, in: H. MAURER (Hg.), Die Abtei Reichenau, Neue Beiträge zur Geschichte und Kultur des Inselklosters, Sigmaringen 1974, S. 83–113. Beide Veröffentlichungen jetzt in: A. ÖNNERFORS, Mediaevalia, Abhandlungen und Aufsätze (Lateinische Sprache und Literatur des Mittelalters Band 6), Frankfurt 1977, S. 58–118 und 169–201. Hier wird nach beiden Ausgaben zitiert. *KAR* = Die Kultur der Abtei Reichenau, hg. von K. BEYERLE, zwei Halbbände, München 1925. *Schmid, Bemerkungen z. Verbrüderungsbuch* = K. SCHMID, Bemerkungen zur Anlage des Reichenauer Verbrüderungsbuches. Zugleich ein Beitrag zum Verständnis der »Visio Wettini«, in: Landesgeschichte und Geistesgeschichte, Festschrift für Otto Herding, hg. von K. ELM, E. GÖNNER und E. HILLENBRAND, Stuttgart 1977, S. 24–41. Jetzt auch in: K. SCHMID, Gebetsgedenken und adliges Selbstverständnis im Mittelalter, Sigmaringen 1983 (die neue Ausgabe enthält die alte Paginierung, nach der hier zitiert wird).
Verbrüderungsbuch = Das Verbrüderungsbuch der Abtei Reichenau, hg. von J. AUTENRIETH, D. GEUENICH und K. SCHMID, MGH Libri memoriales et Necrologia, Nova Series I, Hannover 1979. – *Brunhölzl* = F. BRUNHÖLZL, Geschichte der lateinischen Literatur des Mittelalters, Band I, München 1975. – *Meyer* = H. MEYER, Die Zahlenallegorese im Mittelalter, München 1975. An älterer Literatur sei noch erwähnt: K. PLATH, Zur Entstehungsgeschichte der Visio Wettini des Walahfrid, Neues Archiv der Gesellschaft für ältere Geschichtskunde XVII, 1892, S. 261–279 (auf die Thesen dieses Aufsatzes, die eine lange Nachwirkung gehabt haben, soll hier nicht noch einmal eingegangen werden). L. EIGL, Walahfrid Strabo, Ein Mönchs- und Dichterleben. Studien und Mitteilungen aus dem kirchengeschichtlichen Seminar der theol. Fakultät der k. k. Universität in Wien, 1908/2, daraus spez. S. 8–16. – Zitate aus dem vierten Buch der Dialoge Gregors des Großen nach: Grégoire Le Grand, Dialogues, par A. DE VOGÜÉ et Paul ANTIN, Tome III, Paris 1980.
2 Grundsätzliches zum Verständnis mittelalterlicher Visionen: H. SPILLING, Die Visio Tnugdali, Eigenart und Stellung in der mittelalterlichen Visionsliteratur bis zum Ende des 12. Jahrhunderts, München 1975, spez. S. 203 ff.; H. J. KAMPHAUSEN, Traum und Vision in der lateinischen Poesie der Karolingerzeit, Bern/ Frankfurt 1975; über die Visio Wettini dort bes. S. 132 ff.; E. DÜNNINGER, Politische und geschichtliche Elemente in mittelalterlichen Jenseitsvisionen bis zum Ende des 13. Jhs., Diss. Würzburg 1962; M. AUBRUN, Caractères et portée religieuse et sociale des »Visiones« en Occident du VIᵉ au XIᵉ siècle, Cahiers de Civilisation Médiévale XXIII, 1980, S. 109–130.
3 Voraussage des Todes als Beweis für den außerirdischen Ursprung einer Vision: Gregor, Dialogi IV, 12,4; 14,4–5.
4 Ediert von Ernst DÜMMLER in MGH Poetae Latini Aevi Carolini II, S. 267–275. Vorrede, Kapiteleinteilung und -überschriften sind von späterer Hand hinzugefügt, wie E. KLEINSCHMIDT (Zur Reichenauer Überlieferung der »Visio Wettini« im 9. Jahrhundert, Deutsches Archiv XXX, 1974, S. 199–207) nachgewiesen hat. Johanne AUTENRIETH hat vermutet, daß diese Zusätze von Walahfrid selbst stammen könnten (Heitos Prosaniederschrift der Visio Wettini – von Walahfrid redigiert? in: Geschichtsschreibung und geistiges Leben im Mittelalter. Festschrift für Heinz Löwe, hg. von K. HAUCK und H. MORDEK, Köln/ Wien 1978, S. 172–178; diese These übernimmt Chr. E. INEICHEN-EDER, Addendum to the Manuscript Transmission of Heito's Visio Wettini: Ambrosianus I 89 Sup., in: Scriptorium 37, 1983, S. 98–104.). Zwar

zeigen sich in diesen Zusätzen sprachliche Anklänge an die Visio Wettini Walahfrids (*montana, munera, studium* in den Überschriften zu Kap. VI, XII, XXVI nach Walahfrids Visio V. 312, 475, 795, abweichend von *montes, dona, diligentia* bei Heito), doch scheinen mir drei Gründe gegen eine Bearbeitung durch Walahfrid zu sprechen: 1. Heito und Wetti werden auffallend kurz und distanziert vorgestellt, was gar nicht Walahfrids Stil und seinen sonstigen Äußerungen über die beiden entspricht. 2. Die Überschrift zu Kap. XV (*Visio throni et gloriae domini*) übergeht völlig das Bild der himmlischen Stadt, auf das Walahfrid (in Anlehnung an Heito!) Wert gelegt hat. 3. Vor allem gebraucht der Verfasser der Praefatio bei der Charakterisierung Wettis *mediocriter* in entgegengesetztem Sinn als Walahfrid in V. 181: Während Wetti nach Walahfrid sein Leben im Kloster »maßvoll« führte, tat er es nach dem unbekannten Verfasser nur »mittelmäßig«; diese sich in der Beurteilung Wettis widersprechenden Bedeutungen gehen klar aus dem jeweiligen Zusammenhang hervor.

5 K. Beyerle in KAR, S. 79ff.

6 A. Manser und K. Beyerle in KAR, S. 316ff., ebenda K. Künstle, S. 703.

7 Schmid, Bemerkungen z. Verbrüderungsbuch, spez. S. 31f.

8 K. Hampe, Eine ungedruckte Vision aus karolingischer Zeit, in: Neues Archiv der Gesellschaft für ältere deutsche Geschichtskunde XXII, 1897, S. 628–633. Diese Vision findet sich zusammen mit Heitos Visio Wettini in der neuerdings wieder edierten Chronik von Saint-Maixent: F. Dolbeau, Une vision adressée à Heito de Reichenau dans la Chronique de Saint-Maixent, in: Analecta Bollandiana 98, 1980, S. 404.

9 H. Houben in: Zeitschrift für die Geschichte des Oberrheins 124, 1976, S. 31–42.

10 K. Künstle in KAR, S. 704.

11 *Waldoni consanguinitate proximus* (Praefatio zu Heitos Visio Wettini). Vgl. E. Munding, Abtbischof Waldo, Begründer des Goldenen Zeitalters der Reichenau, Beuron 1924, S. 6f.

12 Brief nach Vers 918. Die *iuventus* dauert nach dem damals maßgeblichen Isidor (Etym. XI, 2,5) bis zum fünfzigsten Lebensjahr.

13 MGH Poetae II, S. 476 (Carmina Sangallensia III.). Wettis Gallusvita in MGH, Scriptores rer. Merov. IV, S. 257–274. Übersetzung und Einführung in K. S. Frank, Frühes Mönchtum im Abendland, Band II, Zürich/München 1975, S. 231–266.

14 Brunhölzl, S. 358.

15 Brunhölzl, S. 345–358. Th. Fehrenbach in: H.-D. Stoffler, Der Hortulus des Walahfrid Strabo, Sigmaringen 1978, S. 57–73. – A. Borst, Mönche am Bodensee 610–1525, Sigmaringen 1978, S. 48–66. Eine ansprechende, inzwischen in einigen Einzelheiten überholte Darstellung auch in: O. Feger, Geschichte des Bodenseeraumes, Band I, Sigmaringen 1956 (und danach mehrere Auflagen), S. 124–136. – Die Darstellung von C. Roccaro, in: Walahfrido Strabone, Hortulus, a cura di C. Roccaro, Palermo 1979, S. 7–43, berücksichtigt neuere Literatur zu wenig.

16 G. Simon, Untersuchungen zur Topik der Widmungsbriefe mittelalterlicher Geschichtsschreiber, in: Archiv für Diplomatik IV, 1958, S. 52ff., spez. S. 85.

17 MGH SS rer. Merov. V, S. 393 (cap. 20).

18 Anders Brunhölzl, S. 349.

19 Vgl. in dieser Einleitung die Bemerkungen zu den Versen 261, 373, 539ff. und 883.

20 Brunhölzl, S. 357: »Kein Dichter der Karolingerzeit hat so oft wie er in seinen Versen den Wunsch ausgedrückt, daß er den Angesprochenen sehen, daß er mit ihm reden wolle.«

21 Vgl. Traill, S. 82–85.

22 Vorsichtig äußert sich hierzu A. Önnerfors, W. S. als Dichter, S. 100 (185). Im übrigen wurden erhebliche Bedenken gegen Visionen auch in den maßgeblichen Libri Carolini (III,26) vorgebracht. Hierzu grundsätzlich H. J. Kamphausen (wie Anm. 2) S. 9–58.

23 K. Künstle in KAR, S. 704.

24 Brunhölzl, S. 349.

25 *Quattuor evangelia hexametris versibus paene ad verbum transferens,* wie Hieronymus (De viris illustribus cap. 84) lobend bemerkt.

26 Vgl. P. Klopsch, Prosa und Vers in der mittellateinischen Literatur, in: Mittellateinisches Jahrbuch III, 1966, S. 9–24, spez. S. 12–18. Durch die Fassung der Visio Wettini in Prosa und Vers liegt also eine Art *opus geminatum* vor. Walahfrid war sicher auch bei der Abfassung seiner Visio Wettini überzeugt, daß er

seinen Stoff durch die Poesie veredle; man vergleiche seine Bemerkung im Prolog zur Gallusvita (MGH SS. rer. Merov. IV, S. 280) und P. KLOPSCH, ebenda S. 19. – Die Gesichtspunkte, nach denen ein mittelalterlicher Dichter bei einem solchen Doppelwerk Prosa- und Versfassung differenziert und voneinander abhebt, zeigt V. SCHUPP, Die Eigilviten des Candidus/Brun, in: Studi di letteratura religiosa tedesca, in memoria di Sergio Lupi, Florenz 1972, S. 177–220.

27 Beda der Ehrwürdige, Kirchengeschichte des englischen Volkes, lateinisch-deutsch, hg. von G. SPITZBART, Darmstadt 1982, Bd. II, S. 462–473. – Alkuins Versfassung in MGH Poetae I, S. 189–191; jetzt auch in: Alcuin, The Bishops, Kings and Saints of York, ed. by P. GODMAN, Oxford 1982, S. 72–81. Die neue Ausgabe Godmans, nach der wir zitieren, differiert in der Zählung gegenüber MGH um einen Vers.

28 Philologisches zu W. S., S. 42 (58); W. S. als Dichter S. 104 f. (191 f.).

29 Horaz, Ars poetica V. 333.

30 Eigenständige Zusätze und Erweiterungen über Heitos Vorlage hinaus liegen vor in den Versen: 1–182, 213–220, 227–234, 339–362, 384–390, 438–445, 466–474, 509–519, 566–569, 598–602, 625–632, 662–671, 695–698, 735–742, 756–768, 776–778, 791–793, 799–801, 811–826, 864–882, 888–896, 912–930, Distichen 1–12. Diese 381 Verse machen ca. 40 % der Gesamtlänge des Gedichtes aus. Natürlich sind die Grenzen zwischen poetischer Erweiterung eines Prosasatzes und eigenständigem Zusatz bisweilen fließend. Ein Teil dieser Zusätze, vor allem Proömien und panegyrische Passagen, ist zweifellos durch die Wahl der anderen literarischen Gattung bedingt, doch zeigt der Umfang der Erweiterungen, daß Walahfrid die Möglichkeit zu freier Ausgestaltung genutzt hat. Nicht zuletzt wollen die Einschübe verschiedene Partien des Gedichts auf die der Zahlenkomposition dienende Verszahl bringen.

31 Vgl. A. BORST (wie Anm. 15), S. 64.

32 MGH Poetae I, S. 60 f.

33 Vgl. A. BORST, Bodensee, Geschichte eines Wortes, in: Der Bodensee, Landschaft – Geschichte – Kultur, hg. von H. MAURER, Sigmaringen 1982 (Schriften des Vereins für Geschichte des Bodensees und seiner Umgebung 99/100, 1981/82), S. 495–529, spez. S. 501 f. zu Lacus Potamicus.

34 MGH Poetae II, S. 413, Strophe 11. – Zum Topos der heiligen Insel vgl. Vergil, Äneis III, 73 ff. (Delos) und III, 104 ff. (Kreta). Die nachher für das Inselkloster verwendeten Metaphern antrum (V. 88, 138), carcer (V. 44, 88) sowie arx für die Führungsposition (V. 142) lassen vermuten, daß Walahfrid auch Elemente der Schilderung der Äolusinsel (Äneis I, 52–63) aufnimmt. Vgl. ferner die Inselschilderung in Walahfrids Versus de Beati Blaithmaic vita et fine, V. 95 ff. (MGH Poetae II, S. 299).

35 Bisher wurde bestritten, daß sich in Walahfrids vor seinem Aufenthalt in Fulda entstandenen Frühdichtungen Spuren von Zahlenkomposition finden ließen. Zur Zahlenkomposition im Hortulus vgl. W. HAUBRICHS, Ordo als Form, Strukturstudien zur Zahlenkomposition bei Otfrid von Weißenburg und in karolingischer Literatur, Tübingen 1969, S. 133–136; H.-D. STOFFLER (wie Anm. 15), S. 18; diesbezügliche Beobachtungen zu anderen Gedichten Walahfrids bei E. R. CURTIUS, Europäische Literatur und Lateinisches Mittelalter, Bern, 8. Aufl. 1973, S. 495 f.; A. ÖNNERFORS, W. S. als Dichter, S. 113 (393), Anm. 18. Zahlenkomposition zeigen auch die beiden anderen größeren (aus sprachlichen Gründen nach der Visio Wettini anzusetzenden) Frühwerke Walahfrids. Die dem auf einer Insel lebenden Heiligen Blaithmaic gewidmete Vita enthält genau dieselbe Zahl von Versen (172) wie der dem Inselkloster zugedachte Vorspann der Visio Wettini und gliedert sich nach einem Proömium von 16 Versen in zwei Hälften zu je 78 Versen, die jeweils durch einen aus 15 Versen bestehenden Abschnitt eingeleitet werden. Die Zahl von 78 Versen ergibt sich ein drittes Mal durch Zusammenfassung der beiden wichtigsten Partien der Vita, nämlich V. 32–77 (über das klösterliche Leben des Heiligen) und V. 132–163 (über sein Martyrium, das als Nachfolge Christi, wenn auch impare facto [V. 163], verstanden und daher in 32 [!] Versen geschildert wird). Wahrscheinlich liegt auch hier wieder ein Spiel mit verschiedenen Quersummen vor. – Die Mammes-Vita umfaßt mit Praefatio und Oratio 777 Verse und teilt sich bei Einbeziehung der beiden genannten einleitenden Teile in 2 × 14 Abschnitte, wobei die ersten vierzehn davon 333 Verse, die restlichen vierzehn Kapitel 444 Verse einnehmen; in lockerer Folge verteilt, lassen sich in der ersten »Hälfte« drei Kapitelgruppen zu je 111 Versen zusammenstellen, in der zweiten entsprechend vier solche. Einleitung und Gebet enthalten zusammen 44, der erzählende Teil 733 Verse. Ist es Zufall, daß die beiden Viten zusammengenommen fast genau dem Umfang der Visio Wettini entsprechen?

36 Zur Zahl 22 vgl. E. R. CURTIUS (wie vorige Anm.), S. 495; zur Drei vgl. MEYER, S. 121.

37 H. Haffter (Walahfrid Strabo und Vergil, in: Schweizer Beiträge zur allgemeinen Geschichte 16, 1958, S. 221 ff., spez. S. 222 f.) vergleicht die Stelle V. 104 mit Äneis VII, 37 ff., wo für die zweite Hälfte des Epos Bedeutenderes angekündigt wird, und weist auf eine Parallele im Hortulus (V. 235 ff.) hin; doch scheint mir als Vorbild für unsere Stelle Vergil, Ekloge IV, 1 eher in Frage zu kommen, wie unten ausgeführt wird.

38 Somit spielt die Zahl 23 bei Walahfrid schon vor Hrabans Einfluß eine gewisse Rolle. Wichtig wird sie später für die Kapitelzahl des Hortulus; vgl. Haubrichs (wie Anm. 35), S. 134 Anm. 113, S. 55 f. und S. 150.

39 Buch der Weisheit 11,20; Augustinus, De civ. Dei XI, 30; XII, 19; Cassiodor, De artibus ac disciplinis liberalium litterarum, praefatio (Migne, PL 70, 1150 D); Haubrichs (wie Anm. 35), S. 100.

40 Man vergleiche die Art der Zählung in der Chronik Hermanns des Lahmen: Dort dauert das Abbatiat Heitos von 806 bis 822, wofür entsprechend nur 17 Jahre berechnet werden. Da Walahfrid offensichtlich 806 und 823 als volle Jahre mitzählt (vgl. seine Zählung der Regierungsjahre Ludwigs in V. 82 und 186 sowie die Zählung eines noch nicht voll abgelaufenen Jahres als annus peractus in V. 183 f.), geht es auch nicht an, ihn als Kronzeugen dafür zu zitieren, daß Heito erst 805 (!) Bischof von Basel geworden sei; so u. a. B. v. Simson, Neues Archiv der Gesellschaft für ältere Geschichtskunde 32, 1907, S. 41 f., ähnlich E. Munding (wie Anm. 11), S. 88 f. und Helvetia Sacra, hg. von A. Bruckner, Abt. I Bd. I, Bern 1972, S. 165.

41 A. Schütz, Zur Frühgeschichte der Abtei Reichenau; Vortrag beim Konstanzer Arbeitskreis für mittelalterliche Geschichte am 8. Dez. 1984. Protokoll Nr. 274. Die Ergebnisse sollen demnächst im Rahmen einer größeren Arbeit veröffentlicht werden. Zum bisherigen Stand vgl. K. Schmid, Königtum, Adel und Klöster am Bodensee bis zur Zeit der Städte, in: Der Bodensee (wie Anm. 33), spez. S. 540; P. Classen (Hg.), Die Gründungsurkunden der Reichenau, Sigmaringen 1977; A. Borst (Hg.), Mönchtum, Episkopat und Adel zur Gründungszeit des Klosters Reichenau, Sigmaringen 1974.

42 In den Versen 213, 544, 559 ff., 621 ff.

43 1 Samuel 16,7; 1 Könige 8,39; Lukas 16,15.

44 Vgl. Vergil, Äneis I, 23–32; Georgica I, 24–42.

45 Dieser enge thematische Zusammenhang zwischen dem augenlosen Dämon und der Blindheit des Menschengeschlechtes verbietet meines Erachtens die von Önnerfors, Philologisches zu W. S., S. 69 f. (91 f.) vorgeschlagene Umstellung der Verse 214–220 nach 234.

46 Congeries mit Homoioteleuta in Vers 218; vgl. Prudentius, Psychomachia 295 und Sedulius, Carmen paschale V, 59 ff. Önnerfors, Philologisches zu W. S., S. 54 (72 f.), weist auf eine Parallele bei Aldhelm hin (Enigmata 93,8).

47 Œuvres de Godescalc d' Orbais, ed. C. Lambot, Louvain, 1945, S. 170.

48 Migne, Patrologia Latina 114, 965–974, spez. 971 f. – K. Langosch (in: Die deutsche Literatur des Mittelalters, Verfasserlexikon Bd. IV, 1953, Sp. 748) legt sich in der Echtheitsfrage nicht fest.

49 Vgl. B. Brenk, Tradition und Neuerung in der christlichen Kunst des ersten Jahrtausends, Studien zur Geschichte des Weltgerichtsbildes, Wien 1966, S. 42; E. Kirschbaum, L'angelo rosso e l'angelo turchino, in: Rivista di archeologia cristiana 17, 1940, S. 209–248.

50 *Tali sermocinatione ipsius angeli et praedicti fratris finita est prior visio, quam ipsis verbis ad invicem conlatis eo referente scribi fecimus...* – verba conferre entspricht der Wendung sermonem cum aliquo conferre = sich mit jem. besprechen.

51 Alkuin, *De psalmorum usu*, Praefatio, Migne PL 101, 467 C/D; seine Auslegung des Psalms in Migne PL 100, 597–620.

52 Dante, Inferno 1, 13–30; 77. – Stellen der Psalmen können wohl am ehesten zum Verständnis dieser Berge beitragen: Psalm 120,1; 35,7.

53 V. 58 f., 125 ff., 150 f., 173 ff., 345, 360, 735.

54 V. 1 ff.; vgl. ebenso V. 265, 831 f., 912–930.

55 Johannes 2,14; der Passus in *De subversione Jerusalem* geht wohl auf Alkuins Erklärung des Johannesevangeliums (Buch II, cap. 4, Migne PL 100, 773 ff.) zurück.

56 Nach Hebräer 13,17; die Stelle scheint auch in V. 355 anzuklingen; von diesem Zusammenhang her möchte ich anders als Önnerfors, Philologisches zu W. S., S. 63 (344) Anm. 75 *pro cunctis* personal

beziehen: »für alle, die dir anvertraut waren und die du nicht richtig geführt hast, wirst du stellvertretend büßen«.

57 Zur Geschichte der Vorstellungen über den Läuterungsort: J. LE GOFF, La Naissance du Purgatoire, Paris 1981. Dort über die Visio Wettini S. 159–161, über Gregor d. Gr. und seinen entscheidenden Beitrag zu diesen Vorstellungen S. 121–131. Das Buch ist jetzt auch deutsch erschienen (Die Geburt des Fegefeuers, Stuttgart 1985).

58 Gregor, Dialogi IV, 37,9; Hirt des Hermas, Visio III cap. 2 ff.; zum Bau der himmlischen Stadt s. u. V. 525 ff. – TRAILL (S. 133) weist auf das Bild eines ähnlich ungefügen Baus in der Visio Rotcharii hin.

59 Gregor, Dialogi IV, 57, 9 ff. – Vgl. M. AUBRUN (wie Anm. 2), S. 125.

60 Der Übersetzung Traills »at the world's uncertain end« (S. 52) bzw. »just before the end of the world« (S. 135) kann ich mich nicht anschließen. Das Weltende kann nicht *dubius* sein, sondern ist nur allzu gewiß (vgl. auch V. 789 ff.); *sub* dient zur Bezeichnung des Umstands. Walahfrid scheint in dieser zu Heitos Bericht hinzugefügten Bemerkung Zweifel bezüglich der Rettung dieses Sünders zu äußern, was freilich im Gegensatz zu der Tatsache steht, daß die anderen Mönche sich an einem Ort der Läuterung befinden.

61 Migne, PL 103, 1063 und 1066.

62 H. J. KAMPHAUSEN (wie Anm. 2), S. 138 f., bezeichnet diese Bemerkung Heitos als recht unglaubwürdig; das prägnante und einprägsame Motiv des in einen Bleisarg eingeschlossenen Mönchs könne man sich nicht zweimal als individuelle Schöpfung vorstellen.

63 E. MUNDING (wie Anm. 11), S. 108 f.

64 Th. FEHRENBACH (wie Anm. 15), S. 67.

65 Vgl. K. BEYERLE in KAR, S. 71.

66 »Die Zusammenhänge in der Visio Wettini legen die Vermutung nahe, Adalhelm sei vielleicht Reichenauer Mönch gewesen, der wahrscheinlich im Westfrankenreich einen Bischofssitz bestieg, ähnlich wie die Alemannen Egino und Ratolt, die vielleicht aus dem Kloster Reichenau hervorgegangen waren, im italienischen Verona«, äußert hierzu K. Schmid und schließt die von Traill vorgeschlagene Identifizierung mit dem gleichnamigen Bischof von Châlons-sur-Marne aus (Verbrüderungsbuch S. LXVII Anm. 58 und 57). Daß der offensichtlich kurz vor Wettis Vision verstorbene Bischof im Reichenauer Verbrüderungsbuch noch unter den lebenden Wohltätern eingetragen ist, gibt einen Anhaltspunkt für die Entstehung des Verbrüderungsbuches (SCHMID, Verbrüderungsbuch S. LXVI f. und Bemerkungen z. Verbrüderungsbuch S. 31 Anm. 34a).

67 Die Handschrift R erläutert es durch *(sine) beatitudine*, O durch *(sine munere) beatitudinis*.

68 Heito erwähnt in cap. 10, der Kleriker habe diesen Traum *ante triennium* gehabt.

69 TRAILL, S. 142. Allgemein hierzu K. SCHMID, Königtum, Adel und Klöster am Bodensee bis zur Zeit der Städte (in dem Anm. 33 genannten Sammelband), S. 531 ff., spez. S. 554 f. Vgl. jetzt M. BORGOLTE, Geschichte der Grafschaften Alemanniens in fränkischer Zeit, Sigmaringen 1984, S. 221.

70 So etwa Augustinus, Confessiones XIII,24,36: *Novi enim multipliciter significari per corpus, quod uno modo mente intelligitur.* Vgl. auch H. SPILLING (wie Anm. 2), S. 206 ff.

71 Heitonis Visio Wettini cap. 9 und 10; danach V. 380, 435–437.

72 Strafen nach dem Talionsprinzip erwähnt z. B. Theodulf, *Versus contra iudices* 847–49 (MGH Poetae I, S. 515):

> *Lex auferre iubet capita scelerata reorum,*
>   *Crus, genitale decus, lumina, terga, manus,*
>   *Membra cremare rogis, ori perfundere plumbum...*

Entfernt vergleichbar der Strafe Karls sind Darstellungen romanischer Reliefs, auf denen eine Schlange, Symbol der Luxuria, die Geschlechtsteile einer Frau zerbeißt.

73 Karls Biograph Einhard berichtet über diese Verhältnisse ohne jeden Tadel (Vita Karoli cap. 18). – Anders versteht J. LE GOFF (wie Anm. 57), S. 161, die Sünde Karls: hier liege einer der ältesten Belege für die im Mittelalter verbreitete Erzählung vom schuldhaften Umgang Karls mit seiner Schwester vor, durch den er Vater Rolands geworden sei. Der Bericht Heitos und Walahfrids scheint diese Art von Schuld indes nicht anzudeuten. – Vgl. im dritten Kapitel von Wettis Gallusvita die Kritik Kolumbans am Lebenswandel des burgundischen Herrschers.

74 Paradiso 17, 136 ff.

75 Dialogi IV, 50,2.

76 Theodulfs Gedicht in MGH Poetae I, S. 493–517; Alkuins Werk in Migne, PL 101, 613–638, spez. 628 f. cap. 20. – Hierzu S. EPPERLEIN, Herrschaft und Volk im Karolingischen Imperium, Berlin 1969, S. 39 f. und 75 ff.

77 Migne, PL 114, 971 D.

78 Vgl. V. 622 *moenia vitae*. Die Vergilstellen: Äneis VI, 549; I, 7.

79 So in Alkuins Versfassung der Vision des Dryhthelm V. 964. Ähnlich wie bei Beda und Alkuin auch in der *Visio cuiusdam pauperculae mulieris* (wie Anm. 9): *murum, cuius cacumen celum usque tendebat.*

80 MEYER, S. 150. W. HAUBRICHS (wie Anm. 35), S. 327: Die 15 als Zahl des Aufstiegs zur himmlischen Gottesstadt bei Ps.-Isidor und Alkuin.

81 Vgl. z. B. Augustinus, De civ. Dei XXII,29; Julian von Toledo, Prognosticon III, 36 (Migne, PL 96, 495 f.); Alkuin, De fide sanctae et individuae Trinitatis II, 16, Migne, PL 101, 34).

82 Dazu vgl. H. SPILLING (wie Anm. 2), S. 206 ff.

83 H. J. KAMPHAUSEN (wie Anm. 2), S. 144.

84 Vgl. oben Anm. 3.

85 Traill erklärt, mit diesem Heiligen sei Benedikt von Aniane gemeint (S. 158); doch wird dieser stets als *Anianensis* bezeichnet, wenn überhaupt sein eigentlicher Name weggelassen wird. Auch die Reihenfolge der Namen bei Heito (cap. 16) beweist die Zugehörigkeit dieses Anianus zur Gruppe der frühen Heiligen.

86 Dialogi IV, 34,5.

87 Hiergegen TRAILL, S. 161.

88 W. HAUBRICHS (wie Anm. 35), S. 271 f.; MEYER, S. 177 f.

89 Es stehen 309 Verse davor, 321 danach, so daß zur exakten symmetrischen Entsprechung der Rahmenteile 12 Verse am Anfang fehlen. Man ist versucht zu fragen, ob nicht die 12 Verse an Adalgis ursprünglich dem Werk vorausgingen und damit – freilich nur wahlweise unter diesem Gesichtspunkt – diese Symmetrie herstellten, später aber dem Widmungsbrief an Grimald weichen mußten.

90 Vielleicht ist auch die Länge des Proömiums, das 3 × 7 Verse umfaßt, auf den bewußten Einsatz dieser beiden Zahlen zurückzuführen.

91 Wahrscheinlich gab Prudentius, Psychomachia V. 47 den Anstoß hierzu; dort wird die *Sodomita Libido* als *dira lupa* bezeichnet, was die Glossen als *meretrix*, bisweilen unter Verweis auf *lupanar*, erklären.

92 1 Korinther 6,16 legt diese Gleichsetzung nahe.

93 Exodus 3,11; 4,10; Richter 6,15; Jesaia 6,5; Jeremia 1,6. Vgl. auch in der *Visio cuiusdam pauperculae mulieris: Domine, vilis sum persona, et ista non audeo in medium proferre.*

94 Sicher liegt, zumindest indirekt, auch ein Einfluß des Buches Tobit vor, das ja für die Engelserscheinung in der Visio Baronti bestimmend war. Erst *nach* der Reise gibt sich der Engel Tobias und seinem Vater zu erkennen (Tobit 12,11 ff.).

95 Œuvres (wie Anm. 47), S. 163; die Augustinusstelle: De civitate Dei I, 21 und 26. Die Erzählung von Samson findet sich in Richter cap. 13–16, spez. 13, 3–21 (Der Engel) und 16, 4–22 (Delila).

96 Visio V bzw. cap. 25,2; hierzu TRAILL, S. 164 f.

97 Nebenbei sei bemerkt, daß der berühmteste Beitrag der Reichenau zu dieser Thematik die später dem *Dies irae* angefügte *Lacrimosa*-Strophe ist; sie findet sich zuerst in einer Reichenauer Handschrift des 12. Jahrhunderts.

98 Zum Toposcharakter dieses Vorwurfs vgl. F. J. FELTEN, Äbte und Laienäbte im Frankenreich, Stuttgart 1980, S. 17 ff. und passim.

99 Vgl. SCHMID, Bemerkungen z. Verbrüderungsbuch, S. 37 ff.

100 Einhard schreibt in seiner gegen 830 entstandenen Vita Karoli Magni (zu der Walahfrid ein Vorwort und Kapitelüberschriften hinzufügte): *Geroldus Baioariae praefectus in Pannonia, cum contra Hunos proeliaturus aciem strueret, incertum a quo, cum duobus tantum, qui eum obequitantem ac singulos hortantem comitabantur, interfectus est* (cap. 13): »Gerold, der Präfekt von Bayern, wurde in Pannonien, als er vor dem Kampf gegen die Hunnen sein Heer aufstellte, getötet, man weiß nicht, von wem, mit nur zwei anderen, die ihn begleiteten, als er auf und ab ritt und den einzelnen Mut zusprach.« Lag hier ein Racheakt gegen den Vertrauensmann Karls vor? – Zu Gerold vgl. auch J. B. ROSS, Two Neglected Paladins of Charlemagne, Erich of Friuli and Gerold of Bavaria, in: Speculum 20, 1945, S. 212–235. – O. FEGER (wie

Anm. 15), S. 113–115. Das Grab Gerolds ist in den dreißiger Jahren von Emil Reisser wiederentdeckt worden, vgl. E. REISSER, Die frühe Baugeschichte des Münsters zu Reichenau, Berlin 1960, S. 35 f. und A. ZETTLER, Die frühen Klosterbauten der Reichenau, Archäologie – Schriftquellen – St. Galler Klosterplan, Diss. Freiburg 1984 (im Druck).

101 Vgl. V. 148 f. über die *bonitas* des Abtes Erlebald. Insgesamt widmet Walahfrid Gerold 25 Verse (V. 802–826); die 25 bezeichnet nach Gregor das gute Handeln aufgrund der Lehre der Evangelien und des Glaubens an Gott, vgl. MEYER, S. 155 f.

102 Vielleicht hatte Wetti tatsächlich, wie TRAILL, S. 181, aufgrund von V. 895 vermutet, ab und zu kräftig dem Wein zugesprochen. Im übrigen ist es geradezu ein Topos in den Visionsberichten, daß sich der Visionär nach seinem Erlebnis ein strenges Leben zum Vorsatz macht.

103 Eine Stelle bei GOTTSCHALK (Œuvres, wie Anm. 47, S. 169) scheint auf diesen Bericht anzuspielen, wo er erklärt, daß sehr erfahrene Ärzte oft *ad tactum venae languentis aegroti* den nahen Tod voraussagen könnten. Die Mönche hatten eben diese Erfahrung seiner Meinung nach nicht, sonst hätten sie sehr wohl Wettis Lage erkannt. Weiter unten (S. 170) führt Gottschalk dann aus, daß die Dämonen, die ja zu höherer Erkenntnis der Wahrheit nicht imstande seien, aufgrund solcher Erfahrung Wettis Tod vorausgesagt hätten (V. 213); die Drohung mit der Einschließung in ein *armarium* (vgl. Heitos Bericht cap. 2) freilich sei eine Lüge gewesen, wie man sie bei Dämonen gewohnt sei.

104 A. BORST (wie Anm. 15), S. 55. – Man vergleiche, wie Walahfrid Heitos Haltung gegenüber dem Tod beschreibt (V. 86 f.).

105 Besonders auffallend ist die Parallele, daß der Sterbende selbst Psalmen und Antiphonen mitsingt; vgl. Gregor, Dialogi IV, 36, 2; 11,4; 15,4.

106 Dasselbe spricht die letzte Kapitelüberschrift zu Heitos Visionsbericht aus: *Quomodo post ordinatas orationes feliciter migravit ad dominum.*

107 TRAILL (S. 36) versteht *felici . . . sinceritate* als Ablativus qualitatis zu *Domino Patri:* »a man of true beatitude and the utmost purity of heart.« Es handelt sich aber um einen formelhaften Typ des Briefanfangs, bei dem ein Gerundiv (hier venerando) durch einen vorangehenden Ablativus modi erläutert wird; vgl. etwa MGH epp. 5, S. 284, 287, 302.

108 Grimald, ein Verwandter Wettis, war damals kaiserlicher Hofkaplan in Aachen. Er wurde 841 Abt von St. Gallen und starb 872. Dieser aus vornehmer Familie stammende Gelehrte bewährte sich als Ratgeber des Hofes, vor allem unter Ludwig dem Deutschen. Neben der Empfehlung des Erzkaplans Hilduin dürfte auch Grimalds Einfluß die Berufung Walahfrids nach Aachen bewirkt haben; Grimald war es auch, der ihn später, um das Jahr 842, mit Ludwig dem Deutschen aussöhnte. Walahfrid hat diesem Gönner auch den »Hortulus« gewidmet.

109 ÖNNERFORS, Philologisches zu W. S., S. 88 (114), vermutet, daß dieses Bild auf die Paulusstelle 1 Kor. 13,12 zurückgeht.

110 Dieser damals schon bejahrte Priestermönch wird im Verbrüderungsbuch der Reichenau in der Liste der Mönche unter Abt Erlebald nach Tatto als *Adalgis presbyter* aufgeführt, im Reichenauer Nekrolog unter dem 13. November.

111 Die beim Lesen von Versen übliche Verschmelzung eines Endvokals mit dem Anfangsvokal des folgenden Wortes.

112 Nach Sedulius, ep. ad Macedonium (Widmungsbrief zum Carmen paschale, ed. Huemer, S. 3 f.); diese Seduliusstelle wiederum geht auf Vergil, Äneis I,174–176 zurück. Der Funke bezeichnet Walahfrids poetisches Talent; vgl. hierzu ÖNNERFORS, Philologisches zu W. S., S. 75 f. (98 ff.).

113 Allegorisch für Walahfrids Vorbilder in der klassischen Dichtung.

114 Gemeint ist die Dichtkunst, der Erlebald und Tatto offensichtlich reserviert gegenüberstanden; vgl. ÖNNERFORS, W. S. als Dichter, S. 98 (183), und Philologisches zu W. S., Anm. 33.

115 In den akrostichischen Versen 349 ff. und 446 ff.

116 Wenn Walahfrid mit diesem Proömium die Arbeit begonnen (dafür spricht die Formulierung V. 4 f. und 6 f.) und es nicht erst nach ihrer Vollendung niedergeschrieben hat, so ist damit wahrscheinlich Ostern 825 gemeint, doch wäre auch 826 als Beginn denkbar.

117 Vgl. 2 Korinther 8,12.

118 Philipper 2,13; Augustinus, De gratia Christi et peccato orig. cap. 25.

119 Traill verweist auf 1 Kor. 13,11. Es ist zudem denkbar, daß Walahfrid unter den kindlichen Spielen im engeren Sinn seine bisherigen poetischen Versuche versteht, während er sich jetzt einem höheren Stoff zuwenden will; dann wäre Vergil, Georgica IV, 563–566 zu vergleichen.

120 Nach Matthäus 13,33; zu Sauerteig = Lehre vgl. auch Matthäus 16,12.

121 Adalgis (vgl. den Brief an Grimald).

122 Vgl. Genesis 4,4; Exodus 23,19; Deuteronomium 26,1 ff.

123 Leviticus 3,14–16.

124 Der Löwe ist Christus, vgl. Apokalypse 5,5. »Löwe aus dem Stamme Juda« war ein alttestamentlicher Messiastitel. Vgl. auch Gregor, Dialogi IV, 44,2 f.; Alkuin, De Christo Salvatore, MGH Poetae I, S. 346 f.

125 »ausonisch« wird von den Dichtern gleichbedeutend wie »italisch« gebraucht.

126 *Augia* ist die latinisierte Form von althochdeutsch *Auwa/Ouwa* = Land im Wasser; vgl. St. SONDEREGGER, in: Die Abtei Reichenau, hg. von H. MAURER, Sigmaringen 1974, S. 73 ff.

127 Pirmin war irofränkischer Herkunft. Nach dem Bericht Hermanns des Lahmen mußte er während der fränkisch-alemannischen Auseinandersetzungen dem Einfluß des Alemannenherzogs weichen. In den darauffolgenden Jahren gründete er weitere Klöster im Elsaß. Sein Grab war in Hornbach; heute ruhen seine Gebeine in der Jesuitenkirche in Innsbruck. In Hornbach entstand aus der Tradition seiner Verehrung im 9. Jh. die Pirminsvita mit der bekannten Legende von der Vertreibung der Schlangen. Zum Gründungsjahr und der Frühgeschichte der Reichenau vgl. in der Einleitung.

128 Nach der Chronik Hermanns des Lahmen, die wohl auf Walahfrids Angaben fußt, verteilen sich die Regierungsjahre der Äbte folgendermaßen: Pirmin 724–727, Eto 727–734, Geba 734–736, Ermenfrid 736–746. Vgl. C. DIRLMEIER und K. SPRIGADE, Quellen zur Geschichte der Alamannen Heft IV, Sigmaringen 1980, S. 25 f. – Eto (auch Heddo), der ebenfalls für kurze Zeit von der Reichenau vertrieben worden sein soll, war bis ins 7. Jahrzehnt des 8. Jhs. Bischof von Straßburg; er gründete das nach ihm benannte Kloster Ettenheimmünster. Ermenfrid (Arnefrid) war zugleich Bischof von Konstanz.

129 Sidonius, zugleich Bischof von Konstanz, bekannt durch sein Eingreifen gegen Abt Otmar von St. Gallen, leitete das Kloster Reichenau 746–760. Bischof von Konstanz war auch Johannes, zugleich Abt von St. Gallen (760–782). In der Abtszeit von Petrus (782–786) erfuhr das Kloster besondere Förderung durch Hildegard und ihren Bruder Gerold (s. u. zu V. 802 ff.). – Hermann der Lahme bringt zu den vier letztgenannten Äbten abweichende Datierungen: 746–759, 759–781, 781–786; er weist im Unterschied zu Walahfrid Johannes nur 21 Jahre zu.

130 Waldo war Abt der Reichenau 786–806. Über ihn s. u. V. 391 ff.

131 Heito (Hatto I.), geboren 763, stammte aus einem vornehmen schwäbischen Grafengeschlecht; er war Abt der Reichenau 806–823. – Zum Bild des Sterns vgl. Alkuin, De sanctis Euboricensis ecclesiae V. 856.

132 Matthäus 5,14 f. Vgl. auch Sedulius, carmen paschale III, 275 ff.; vielleicht hat der dortige Zusammenhang den Vergleich mit dem Stern angeregt.

133 Kerker und Grotte (V. 88 und 138) metaphorisch für die klösterliche *cella*.

134 Heito leitete wahrscheinlich seit 802 oder bald danach die Diözese Basel; er behielt das Amt bis 823.

135 Die wichtigste Maßnahme Heitos zur äußeren Erneuerung der Diözese war der inschriftlich bezeugte Wiederaufbau der Basler Kathedrale (vgl. Ch. WILSDORF, L'évêque Haito reconstructeur de la cathédrale de Bâle, in: Bulletin monumental 133, 1975, S. 175–184); Zeugnis seines Bemühens um die innere Erneuerung ist der Erlaß von 25 *Capitula ecclesiastica* für den Klerus zur Hebung des gesunkenen kirchlichen Lebens (MGH Legum Sectio II, Capitularia Regum Francorum I, S. 362–366). Sinngemäß kann man die Verse 48–52 auch auf die Tätigkeit Heitos auf der Reichenau beziehen (Vollendung der Kreuzbasilika 816; Klosterreform), obwohl hier explizit erst von seinem Bischofsamt die Rede ist. – Zu V. 50: *rure tenus* ist vielleicht als eigenwillige Formulierung im Sinne von »bis auf den Grund« zu verstehen.

136 *sagax* erläutert die Handschrift O durch das althochdeutsche *cleini* (= fein, sorgfältig, genau).

137 Zu *perfectior* kommentieren R und O: *id est perfectus*, R zusätzlich: *comparativus pro positivo*, was der üblichen gleichförmigen Reihung solcher Aufzählungen entspräche. Doch abgesehen davon, daß der Komparativ mit seiner auffallenden Form hier zumindest elativische Bedeutung (wie oft belegt) haben muß, wollte Walahfrid vielleicht die Jahre der praktischen Bewährung Heitos im Bischofsamt gegenüber seiner vorherigen Tätigkeit, der Leitung der Klosterschule, als Steigerung hervorheben, während die Kommen-

tatoren eine Herabsetzung seiner theoretischen Fähigkeiten gegenüber dem praktischen Handeln vermeiden wollten. Vgl. auch V. 815.

138 Nach Waldos Weggang wurde Heito 806 Abt der Reichenau. Unter ihm schloß sich das Inselkloster der von Benedikt von Aniane geleiteten Klosterreform an; an der Synode zu Aachen 817 nahm auch Heito teil. Wahrscheinlich sind die sog. Murbacher Statuten, ein Kommentar zu den Reformbeschlüssen, sein Werk (Ch. WILSDORF, Le manuscrit et l'auteur des statuts dits de Murbach, in: Revue d'Alsace 100, 1961, S. 102–110). Auch der berühmte karolingische Klosterplan von St. Gallen entstand unter Heito auf der Reichenau.

139 Vgl. Johannes 10,1 und 10,16.

140 Die Gesandtschaftsreise nach Konstantinopel zu Kaiser Michael I., die Heito im Auftrag Karls zusammen mit Hugo von Tours und Ajo von Friaul unternahm, hatte einen gewissen Erfolg: 812 begrüßten die byzantinischen Gesandten Karl den Großen in Aachen als Basileus. Leider ist der von Hermann dem Lahmen bezeugte Reisebericht Heitos verloren. Vgl. P. CLASSEN, Karl der Große, das Papsttum und Byzanz, Düsseldorf 1968, S. 602f., Sigmaringen ³1985, S. 94f.

141 Statt der Verse 74–77 bringt die in Reims entstandene Handschrift V eine Interpolation:

Caesareum retulit Francis sine pondere nomen:
Non etenim sine consensu potuere Pelasgo
Nomine Caesareo, quoniam de gente Latina
Argivum surrexit honor, cum pace potiri.

(Dümmler verbesserte das in V überlieferte *fraccissime* in *Francis sine*).

V. 71–77 lauten übersetzt:

Über das endlose, tiefe Meer zu den Fürsten der Griechen
Ward er gesandt, und das Schiff, an felsigen Klippen zerschellend,
Schüttete aus seine Last, doch es bracht' aus den Wellen der Bischof,
Wenn auch ohne Bedeutung, den Franken den Titel des Kaisers;
Denn sie konnten ja nicht in Frieden gegen der Griechen
Willen den Namen »Kaiser« erlangen, da der Argiver
Ehrentitel ein Erbe war vom Geschlecht der Latiner.

Traill vermutet, daß der Interpolator dieser Verse, die die Gesandtschaftsreise als Mißerfolg werten, der Erzbischof Hinkmar von Reims selbst gewesen sei (S. 98ff.).

142 Im Jahr 823. Für dieses Jahr bezeugen die Annales Einhardi eine *ingens pestilentia atque hominum mortalitas.* Vgl. V. 785ff. und K. SCHMID, Bemerkungen z. Verbrüderungsbuch S. 31f.

143 Im Original wird Heito hier als *»meus«* bezeichnet, »mein Meister und Vorbild«.

144 Erlebald stammte aus einem schwäbischen Grafengeschlecht. Über seine Abtszeit vgl. vor allem K. BEYERLE in KAR S. 85ff.

145 Ob man wie hier mit Walahfrid *Erbaldus* schreibt (vielleicht verstanden als *hêr-bald*) oder *Erl(e)baldus (êrl-bald)*, in beiden Fällen ergibt sich die Bedeutung »kühner Mann«.

146 Apokalypse 4,8.

147 Zwar wird hier vor der weltlichen Bildung gewarnt; Walahfrid greift aber dennoch auf die Heilige Schrift zurück, um durch eine allegorische Auslegung das Studium der Sieben Freien Künste zu rechtfertigen. Die Reichenau, die zu diesem Gebiet eine reiche Handschriftensammlung besaß, wollte hier die Tradition bewahren. – Zum Problem Reform und Bildung vgl. A. BORST (wie Anm. 15), S. 50ff.

148 Es ist nicht geklärt, wer dieser schottische Gelehrte war.

149 Wetti.

150 Zu der schwierigen Stelle finden sich in den Glossen zweier Handschriften unterschiedliche Erklärungsversuche: Wetti habe in seiner Ekstase über das Leben triumphiert und sei nach seinem Tod zur ewigen Ruhe eingegangen, erklärt O; R hingegen erläutert in umgekehrter Reihenfolge, Wetti habe nach seinem Tod die ewige Ruhe erlangt und habe nach seiner Vision noch gelebt. TRAILL (S. 105) vermutet, der Vers drücke zweifach denselben Sachverhalt aus und übersetzt: »for he triumphed over life by its end and over vigor by death.« Dieser Satz, der vom Triumph Wettis spricht, ist sicher nicht zufällig der hundertste Vers in Walahfrids Darstellung der Klostergeschichte, die mit V. 27 beginnt.

151 Ezechiel 34,14 und 29; Vergil, Ekloge IX, 48.

152 Das Verhältnis von Heito und Erlebald wird durch biblische Typologie erläutert: die beiden Propheten sind »Vorbilder« (*figura* oder *typus*), die beiden Äbte jeweils der *antitypus* hierzu.

153 2 Könige 2,9f.

154 Erlebald war Abt von 823 bis 838, Heito starb 836.

155 *dolus* (Arglist) und *ira* bzw. *iracundia* (Zorn und Groll) werden als Laster nebeneinander aufgeführt in der Benediktusregel, cap. 4,22–24.

156 *scolis adnectier* bezieht ein Teil der Interpreten auf Wettis Jugend und Lehrzeit; wir schließen uns TRAILL (S. 45) an. Der Zusammenhang verlangt eher, daß Wetti hier als Leiter der Klosterschule vorgestellt wird; über seine Ausbildung vgl. V. 122ff. Zur Frage, ob die Reichenau trotz der von der Synode zu Aachen festgelegten Beschränkung des Unterrichts auf die Ausbildung künftiger Mönche noch eine *scola exterior* unterhielt, vgl. TRAILL, S. 108f.

157 Samstag, 30. Oktober 824.

158 *Hesperus*, der Abendstern, bringt das »Rad« der Nacht herbei: das läßt an einen Wagen denken, ein Gegenbild zur *rota Luciferi* (Tibull I,9,62; vgl. TRAILL, S. 112f.). Doch erweist sich durch Vergleich mit V. 906, daß bei *rota* keine klare bildhafte Vorstellung zugrundeliegt; das Wort bezeichnet den »Lauf« der Nacht im beständigen Wechsel der Tageszeiten; vgl. etwa Äneis VIII, 407f. – Der Vers gibt als Zeitpunkt den Abend des 2. November an.

159 Die Augenhöhlen bzw. die Augen selbst; vgl. V. 565 und A. ÖNNERFORS, Philologisches zu W. S. S. 69 (349), Anm. 98.

160 Matthäus 15,14; vgl. auch Äneis X, 501f.

161 Apokalypse 1,16; 2,1.

162 Johannes 3,19.

163 Der Averner See bei Cumae galt in der Antike als Eingang zur Unterwelt; er steht metonymisch für die Unterwelt, hier für die Hölle, entsprechend der Olymp für den Himmel. Vgl. V. 352.

164 Lukas 19,43f.

165 Vgl. De subversione Jerusalem, Migne, PL 114,974 C/D nach Lukas 10,16.

166 Hiob 12,10; vgl. Psalm 30,6.

167 Zu *prima fronte* erläutern die Handschriften R und O: *in primo mundi initio*.

168 Vgl. z. B. Alkuin: *saeculi tempora tria: patriarcharum, prophetarum, evangelistarum* (Migne, PL 100,482).

169 Vgl. V. 335 und die dortige Anmerkung.

170 Tatto; über ihn vgl. V. 873ff. – Der Prior eines Klosters wurde bis ins zehnte Jahrhundert *praepositus* genannt.

171 Zur Prostration des sündigen Mönchs vgl. Benediktregel cap. 44,1; 67,3; 71,8.

172 Zu den sieben Bußpsalmen zählt man seit dem christlichen Altertum die Psalmen 6, 31, 37, 50, 101, 129 und 142 nach der griechischen Zählung.

173 Walahfrid verwendet für das Stroh des Lagers das Wort *papirus* in seiner Bedeutung »Bast«.

174 Vgl. Psalm 140,2.

175 *dudum* wie z.B. Vergil, Äneis V, 650. Vgl. auch V. 61.

176 *quae curis* (Dat. finalis) *carne superbis* (sc. *sunt*) = Fesseln, die denen, die auf ihr Fleisch stolz sind (d.h. mit ihrem Fleische zu Sündern werden), Qualen bereiten.

177 *adulterium = stuprum*, Unzucht.

178 Gegen die politische und diplomatische Karriere von Geistlichen am Hof, die auch Benedikt von Aniane verurteilt hatte, erhob sich zunehmend Kritik. Obwohl Walahfrids Gönner Grimald selbst *capellanus* am Hof war, mildert Walahfrid den Vorwurf nicht (TRAILL, S. 129).

179 *quam radiis vitae* = statt mit den Strahlen des Lebens. Heito formuliert: *questum putant esse pietatem* = sie meinen, Gewinn sei Frömmigkeit (cap. 6).

180 Die hier gegebene Übersetzung von defendere greift auf Heitos *nec sibi nec aliis intercessores esse* zurück.

181 *solari* bzw. *solarier* = helfen; vgl. ÖNNERFORS, W.S. als Dichter, S. 109 (392), Anm. 5.

182 Matthäus 25,14ff.

183 Nach Johannes 10. Zur Abhängigkeit dieses Abschnitts vom Tractatus de subversione Jerusalem vgl. Einleitung.

184 Trunkenheit als Laster, vor dem sich besonders der Priester hüten muß: 1 Timotheus 3,3; 3,8; Titus 1,7.

185 Die Kirche als Braut Christi: Epheser 5,23 ff.; Apokalypse 19,7.

186 Mit Anspielung auf den berühmten Vergilvers Äneis III,56 f.: *quid non mortalia pectora cogis, auri sacra fames?*

187 1 Petrus 5,3; vgl. zu diesem ganzen Abschnitt 1 Petrus 5,2–4.

188 Vgl. 2 Korinther 8,12.

189 Hebräer 13,17.

190 Matthäus 25,31 ff.

191 Jesaia 24,2.

192 *secretus* in doppeltem Sinn: »abgesondert« vom gemeinsamen Besitz und »heimlich«; *iniusto pondere* ist als Ablativus qualitatis zu verstehen.

193 Apostelgeschichte 5, 1–11. Heito erklärt, daß diese Sünde des Sonderbesitzes *(opus peculiare)* in Ananias und Sapphira das Urbild der Verderbnis der Reinheit gemeinschaftlichen Lebens gefunden hat *(praecesserat)*; Walahfrid greift mit dem Bild des Gefäßes, das der Töpfer für einen bestimmten Inhalt geformt hat, auf die Paulusstelle Römer 9, 20–23 zurück.

194 Wörtlich: »bis die, die sich daran erinnerten, von ihm wieder daran erinnert wurden«.

195 Vgl. Deuteronomium 10,9.

196 1 Petrus 5,4; Apokalypse 2,10.

197 Zu *hac arce* erklären R und O: *in summitate montis* nach Heitos *in summitate eius* (cap. 10).

198 Waldo, Abt der Reichenau 786–806, zugleich Bischof von Pavia und mit der Verwaltung der Diözeses Basel betraut; als Vertrauter und Ratgeber Karls des Großen wurde er von diesem zu zahlreichen Aufgaben herangezogen. Von 786 bis zu seinem Tod 806 war er Abt von St. Denis. Er war ein Verwandter Wettis. Über ihn vgl. Emmanuel MUNDING (wie Anm. 11).

199 Zu *discrimen* vgl. V. 369.

200 Akrostichisch wird hier der Bischof Adalhelm genannt, der auch im Reichenauer Verbrüderungsbuch erscheint; vgl. Anm. 66 der Einleitung.

201 Dem Kleriker Adam, wie akrostichisch aus den Versen 410–413 hervorgeht; den Inhalt des Traums berichten die Verse 414–427.

202 *vi* (erklärt durch *violentiae* in R) steht hier als Dativ.

203 In Heitos Bericht heißt es (cap. 10 Ende): »Doch genau dasselbe brachte der Engel in der jetzigen Vision wieder in Erinnerung, *daß* der Bischof die Hilfe seines Gebetes, obwohl von den Toten darum angegangen, nicht gewährt hat« (*quod* ist bei Heito regelmäßig »daß«, für »weil« verwendet er *quia*). Konstruktion und Sinn sind bei Walahfrid verschoben: Objekt zu *angelus resignat* ist *quae* (sc. *Adalhelmus episcopus*) *credere renuit*, d. h. die Mitteilung des Klerikers Adam, die der Bischof erhalten, aber nicht geglaubt hatte; mit *quippe quod* wird ein Kausalsatz eingeleitet, da der Inhalt des *quod*-Satzes keine Erläuterung des von *resignat* abhängigen Objektsatzes sein kann.

204 Vgl. Vergil, Äneis VI,743; Augustinus, De civ. Dei XXI,27; XXII,2; Gregor, Dialogi IV,41,3.

205 Wörtlich »auf den besichtigten Gefilden«; *lustrare* in derselben Bedeutung wie Vergil, Äneis VI, 681 und 887. TRAILL (S. 55 und 145 f.) gibt *lustrata* durch »illumined« wieder.

206 Anklang an Vergil, Äneis I,7 und 33. – Karl selbst bezeichnete sich nie als Kaiser der Römer; vgl. Anm. zu V. 71 ff.

207 Wörtlich: »er erreichte in dieser Welt gleichsam einen einzigartigen Gipfel«.

208 Vgl. Jakobus 2,10; Ezechiel 33,12 ff. Vgl. auch Augustinus, De civ. Dei XXI,27.

209 Das Bild vom lecken Faß und dem lecken Schöpfgefäß erscheint zur Charakterisierung der Seele eines der Lust verfallenen Menschen zuerst bei Platon, Gorgias 493 b/c. Woher Walahfrid den Vergleich hat, ist nicht geklärt (Lukrez III, 936 f. scheidet aus mehreren Gründen als direktes Vorbild aus).

210 Diese ihr Richteramt mißbrauchenden Grafen werden mit reißenden Wölfen verglichen; vgl. Theodulf, Versus contra iudices 901 ff.; Alkuin, de virtutibus et vitiis cap. 20 (Migne, PL 101, 629 A/B). Alkuin zitiert dort den Propheten Zephanja (3,3).

211 Vgl. Alkuin, *de virtutibus et vitiis* cap. 20 (PL 101,628 D) und Exodus 23,6–8.

212 Vgl. Theodulf, *Versus contra iudices* 915 f.

213 Römer 2,5. Jakobus 5,3.

214 Vgl. Theodulf, *contra iudices* V. 325 ff.

215 Johannes 3,18.

216 Vgl. Lukas 16,9 und Markus 10,21.

217 Jakobus 5,1 ff.

218 Matthäus 7,13 f.

219 Matthäus 5,4; Lukas 6,21.

220 Lukas 6,25.

221 R erklärt *discindit* durch *cruciat.*

222 Vgl. Apokalypse 21,10 ff.

223 *nitet – obumbrat:* ein Paradoxon.

224 Die Interpunktion Dümmlers ist beizubehalten; der Relativsatz V. 551 (*et quibus…*) setzt den vorangegangenen konsequent fort, da *cui* durch sein Beziehungswort *quisque* dem Sinne nach pluralisch ist.

225 *illecebrae* metonymisch für *peccata;* V. 582 erklärt diese Sünde: Wetti hat *inlex,* als Verführer, andere vom rechten Weg abgelenkt.

226 Vgl. Apokalypse 7,9 und passim.

227 Im Original eine Synekdoche: das Material (*testudo*/Schildpatt) steht für den Gegenstand (*thronus*), den es schmückt. Vielleicht hat Walahfrid in einem Vers des Sedulius (Carmen paschale IV,233: *Dumque sui media residens testudine templi…*), der Äneis I,505 zitiert, aufgrund des Zusammenhangs (Sedulius gibt an der genannten Stelle Johannes 8,2 wieder) *testudo* nicht als »gewölbte Halle«, sondern fälschlich als Synekdoche für Thron verstanden, vielleicht aber auch nach Stellen wie Georgica II,463 diesen Tropus neu erdacht. Daß »Thron« gemeint sein muß, zeigt der Text Heitos.

228 Im Original ein bildhafter Gegensatz von *madens*/naß, triefend und *incendere*/entzünden.

229 Vgl. Lukas 18,13.

230 Dionysius, im Jahre 250 vom Papst nach Gallien gesandt, erlitt als Bischof von Paris den Märtyrertod. Über seinem Grab entstand die Abtei St. Denis, die Waldo 806–814 leitete. – Hilarius von Poitiers, 315–367, Bischof und Hymnendichter, Kämpfer gegen den Arianismus. – Martinus, 316 in Ungarn geboren, leistete Kriegsdienst in Gallien und wurde von dem genannten Bischof Hilarius getauft; nach einer Zeit des Einsiedlerlebens war er Bischof von Tours und starb 397. – Anianus von Orléans erwarb sich als Bischof dieser Stadt im 5. Jh. Verdienste um ihre Verteidigung gegen Attila. Die Dominanz dieser französischen Heiligen erklärt sich durch die engen Beziehungen der Reichenau zu St. Denis durch Waldo und zu St. Martin in Tours durch den großen Einfluß Alkuins, dessen Werke in der Reichenauer Bibliothek stark vertreten waren.

231 Wörtlich: »die er mit der Galle der Sünde betrogen hat« mit dem Wortspiel *felle – fefellit.* Zu Wortspielen vgl. ÖNNERFORS, Philologisches zu W. S., S. 54 (72 f.).

232 Sebastian, ritterlicher Anführer der Leibwache Diokletians, geboren in Narbonne; wegen seines den christlichen Glaubensgenossen gewährten Beistands auf Befehl des Kaisers an einen Baum gebunden und mit Pfeilen durchbohrt. – Der römische Märtyrer Valentin, der den Rhetor Kraton geheilt haben soll, wurde 270 enthauptet. – Eigentlich hätte auch St. Dionysius (s. o. V. 564) hier unter den Märtyrern genannt werden müssen.

233 In dem weit über das byzantinische Reich hinausgreifenden Bilderstreit, der sich von 726 bis 843 hinzog, betonten die Bilderfeinde die Unmöglichkeit, die mit der göttlichen Natur vereinte Menschheit Christi darzustellen, da diese in ihrem Wesen mit unseren Sinnen nicht zu fassen sei; die Verteidiger der Bilder (vor allem Johannes von Damaskus) sahen deren Berechtigung in der Menschwerdung Christi begründet. Das Konzil von Nikäa (787) verwarf die Anbetung, verlangte aber die Verehrung der Bilder. Karl der Große dagegen lehnte sowohl die Vernichtung als auch die Verehrung der Bilder ab (Libri Carolini vor 794, Frankfurter Synode 794) und setzte seinen Standpunkt gegen den Papst durch. Vgl. P. CLASSEN (wie Anm. 140), S. 561 ff. (34 ff.). Gerade in der Zeit, als Walahfrids Visio Wettini entstand, trat in Paris am 1. November 825 wieder eine Reichssynode zum Thema der Bilderverehrung zusammen, blieb aber ohne

Auswirkungen. – Zu V. 618 hat die Handschrift V die Variante *pupillis,* Walahfrid aber schrieb *figuris:* solange der Mensch in seiner irdischen Gestalt lebt, kann er Gott nicht erblicken (vgl. Heitos Text cap. 15 Ende: *corporeis oculis*); erst dem Auge der Seligen ist eine Schau Gottes möglich.

234 Römer 1,24f.

235 Gegensatz zu Mätthäus 11,29f.

236 Römer 1,26f.

237 Markus 9,48 nach Jesaia 66,24. Augustinus, De civ. Dei XXI,9.

238 Richter 13,3–21.

239 Richter 16,4–22. Mit den heiligen Gaben ist das Geheimnis des Nasirs gemeint.

240 Matthäus 18,10; vgl. Psalm 33,8; 90,11; Hebräerbrief 1,14.

241 Der in Platons Apologie des Sokrates (28e) zuerst erscheinende und später besonders von den Stoikern übernommene Vergleich des philosophischen Lebens mit dem Kampf eines Soldaten erscheint im Neuen Testament vor allem bei Paulus (2 Kor. 10,4; Epheser 6,10ff.) übertragen auf das Leben des Christen für Gott und den rechten Glauben; wie öfters die lateinischen Kirchenväter (z. B. Augustinus, Confessiones X,31,45) greift auch die Benediktregel dieses Bild auf (Prolog 3; cap. 58,10 u. a.).

242 *carnalis homo:* so formuliert Walahfrid nach 1 Kor. 3,3; Heitos Visio Wettini hat *animalis homo* nach der Parallelstelle 1 Kor. 2,14. Der Gedanke ist mit dem der *militia* verbunden in 2 Kor. 10,3f. In der paulinischen Lehre ist das »Fleisch«, der materielle Körper des Menschen, Sitz und Werkzeug der Sünde infolge der Erbsünde. Vgl. Augustinus, De civ. Dei XIV,4.

243 Heitos Text lehnt sich mit *ne abundante iniquitate refrigescat caritas multorum* eng an das Vorbild Matthäus 24,12 an; Walahfrid läßt mit seiner bei Ovid entlehnten Formulierung *»pignus amoris«* (Ep. I,113) zugleich ergänzend die Stelle 2 Kor. 1,22 (vgl. Epheser 1,12–14) anklingen.

244 Regula Benedicti cap. 4,35f.; cap. 39 und 40.

245 Regula Benedicti cap. 55.

246 Vgl. Matthäus 23,28.

247 Galater 6,14.

248 Vgl. Regula Benedicti cap. 73,2–6.

249 Vgl. Genesis 19,17 und 26.

250 *lucrum Dei* ist die Gemeinde der Gläubigen; vgl. Apostelgeschichte 20,28; vgl. ferner oben die Verse 332 und 336.

251 1 Timotheus 5,6.

252 *exsecranda:* stärkerer Ausdruck für Heitos *vitanda.*

253 Von dieser Seuche berichten die Annales regni Francorum zum Jahre 823: *Secuta est ingens pestilentia atque hominum mortalitas, quae per totam Franciam inmaniter usquequaque grassata est et innumeram hominum multitudinem diversi sexus et aetatis gravissime saeviendo consumpsit.* Vgl. Schmid, Bemerkungen z. Verbrüderungsbuch, S. 37ff.

254 Die Pest galt als Vorbote des Weltendes: Matthäus 24,7 (Vulgatatext), Lukas 21,11; Apokalypse 6,8.

255 Matthäus 24,42–44.

256 Nach dem Gleichnis Matthäus 13,30.

257 Regula Benedicti cap. 43,3.

258 Vgl. Augustinus, Confessiones XIII,1,1 (ebenfalls ein Wortspiel!).

259 Zu Gerold vgl. Einleitung.

260 Auch in anderen Berichten bedeutet der Hahnenschrei das Ende von Träumen und Visionen: Beda, Hist. eccl. III, 19; Visio Baronti cap. 2. So wird es sich auch hier beim »Boten des Lichts« um den Hahn handeln; bei Heito dagegen heißt es: *alitibus iam viciniam diei concrepantibus.*

261 Vgl. Regula Benedicti cap. 42,1 und 8f.

262 *illi* muß sich auf die anderen *fratres* beziehen; vgl. Heitos Visio Wettini cap. 28: *quod fratres meditatione nocturna occupati claustra silentii inrumpere non auderent.* – Dümmler bevorzugt das allein in V überlieferte *illum;* Traill liest *illi,* versteht es aber als Dativ und übersetzt: »We dare not disturb it (= die Stille) even for the abbot« (S. 70 und 177f.).

263 *amaram/das bittere* ist ein Zusatz Walahfrids gegenüber Heitos Überlieferung. So ablehnend stand Wetti dem irdischen Leben nicht gegenüber; Traill verweist (S. 179) in diesem Zusammenhang auf

V. 907 ff. Man vergleiche auch Wettis eigene schmerzliche Äußerung in seinen letzten Briefen: *quia iuventus adhuc floruit* (nach Vers 918).

264   *commoda* gibt etwa in der Bedeutung »Vergünstigung« wieder, was in Heitos Text mit *indutiae* bezeichnet wird.

265   Ca. um 6.15 Uhr.

266   Vgl. Regula Benedicti cap. 36,1–6.

267   Theganmar ist im Reichenauer Verbrüderungsbuch nach Heito und Erlebald als Dritter unter den *fratres viventes* eingetragen. Er hatte hohe Ämter innegehabt, war Dekan und Propst gewesen; vor allem aber war er Beichtvater der Reichenauer Mönche und wird in dieser Eigenschaft an dem Gespräch teilgenommen haben.

268   Tatto, der Nachfolger Wettis in der Leitung der Klosterschule, war damals Prior (s. o. V. 265). Er war 817 von Heito zusammen mit einem anderen Mönch namens Grimald an das Kloster Inden bei Aachen, ein Zentrum der Klosterreform unter Benedikt von Aniane, geschickt worden; die beiden Mönche sandten von dort den bereinigten Text der Benediktregel an Reginbert, den Leiter der Reichenauer Bibliothek. Tatto wurde 831 Abt von Kempten.

269   Wörtlich: »aufgrund von dessen Hilfe mich die gegenwärtige Zeit (d. h. das gegenwärtige Leben) hält.« Traill übersetzt: »It is because of his help that I am alive today.« Wahrscheinlich ist nicht Hilfe in einer besonderen Situation gemeint, sondern ganz allgemein die Bedeutung des Vorbilds und der Führung Tattos für Walahfrid.

270   Vgl. hierzu in der Einleitung.

271   Nach Gregor d. Gr. wird nur den »Gerechten« aufgrund einer Vision ein Sterben ohne Qual und Angst zuteil *(ut a carnis suae copula sine doloris et formidinis fatigatione solvantur,* Dialogi IV,12,5).

272   *aura = aurora* (wie in V. 324); *denique* ist Füllwort, nur anknüpfend, vgl. V. 435 und im vierten Satz des Widmungsbriefes (ähnlich *quippe* V. 923 und *nempe* V. 908).

273   Das neutral anknüpfende *et quia* (und daß) überläßt es dem Adressaten, die Mitteilung der schmerzlich empfundenen Tatsache des frühzeitigen Todes mit dem vorigen konzessiv bzw. adversativ zu verbinden. Die hier gegebene Übersetzung geht von der Interpunktion Dümmlers und Traills aus. Doch ist dabei zu erwähnen, daß Canisius in seiner Ausgabe von 1604 und nach ihm Migne, PL 114, 1081 D, anders interpungieren: nach *periculo* und *floruit* ist dort jeweils ein Komma gesetzt. Dadurch wirkt der Satzbau, rein formal gesehen, organischer (man vergleiche auch Wettis Stil in seiner Gallusvita!), die inhaltliche Zuordnung des in diesem Fall kausalen *quia*-Satzes bleibt aber nicht minder schwierig: die *iuventus* (d. h. die noch fehlende Einstellung auf Alter, Tod und Jenseits, weshalb wohl die Handschrift R nach *floruit* kommentiert: *usque in voluntatibus carnis*) wird Begründung für die Bitte um das Fürbittgebet aufgrund der *infirmitas.*

274   Diese Zahl von Messen und Psaltern war auch für die Mitglieder des Gebetsbundes von Attigny festgelegt; vgl. SCHMID, Bemerkungen z. Verbrüderungsbuch, S. 36.

275   *metam finire supremam* entspricht dem Vergleich des Lebens mit einem Lauf oder Rennen; 1 Kor. 9,24; 2 Tim. 4,7.

276   Genesis 3,19; Prediger 12,7.

277   Vgl. Gregor über den Tod des Eleutherius (Dialogi IV, 36,2).

278   Heito berichtet: *paululum respiravit* (cap. 31).

279   Adalgis ist, wie TRAILL (S. 185 f.) nachweist, der Adressat dieses Nachworts.

280   *apices* eigentlich: »die Züge der Buchstaben«.

281   Zu *prodesse* als Ziel der Dichtung vgl. Horaz, Ars poetica V. 333.

282   Nach 1 Samuel 15,22.

283   Bescheidenheitstopos, der auf Horaz, Ars poetica V. 38 zurückgeht.

284   Vgl. V. 3 f. des Proömiums.

Orts- und Namensregister

Die Namen Heito, Walahfrid und Wetti sind nicht in das Verzeichnis aufgenommen.